Salad

ねかせておけば もっとおいしくなる！
作りおき+使いきりサラダ

●スピード
●ムダなし
●安心
●おいしい！

武蔵裕子 著

永岡書店

作りおきサラダがあれば
あとはメインを作るだけ

サラダを作っておけば、肉や魚をさっと焼くだけで食事が完成！
たんぱく質の素材を組み合わせたサラダなら、栄養満点、主菜にもなります。

朝ご飯もラクラク

何かと慌ただしい朝。食欲がなかったり、少しでも寝ていたい……という日もありますね。でも、野菜のサラダがあればラクラク。出して食べるだけ。朝からしっかり野菜をとると、目覚めもシャッキリ、元気に1日をスタートできます。

そのままおつまみに

作りおきサラダはおつまみにもなります。胃にもたれる心配もなく、ヘルシー！ 数種類を作っておいて、盛り合わせて食卓に出せば、ウチ飲み会の日にもぴったり。

> さっと
> 出すだけ

おなかをすかせて帰ってきた夜。家族が食事のできあがりを待っているときも、サラダができていれば安心。余裕をもってメインのおかずが作れます。食事の準備時間も大幅にスピードアップ。

作りおきテクニックを覚えれば

下味つきで

薄く塩をふったり、オイルをからめておくと、直前に味つけしたものより味がなじんでおいしさもアップ！余計な水分が抜け、うまみがきゅっと濃くなるメリットも。

そのままでもおいしい

サラダは完成させておかなくてもOK。切って軽く味つけした状態にしておけば、その日の気分で具をたしたり、味つけを変えていろいろなサラダを作れます。

レパートリーも広がります

野菜はまとめて下ごしらえ。
入れる素材やドレッシングを変えて
毎日飽きずに食べられます。

まとめ作りで
面倒なし

野菜を洗って水をきって切りそろえ……という下ごしらえは面倒なもの。調理がおっくうで、野菜を使い残してしまうことはありませんか？ 新鮮なうちにまとめて作っておけば、傷ませてしまうリスクも減らせて、お財布にもうれしい！

Contents

作りおきサラダがあれば
あとはメインを作るだけ ……2

作りおきテクニックを覚えれば
レパートリーも広がります ……4

この本で紹介する4つのタイプのサラダ ……10

Part 1 ムダなく食べられる！
野菜丸ごと使いきりサラダ ……10

Part 2 アレンジ自在！
具だくさんの作りおきサラダ ……11

Part 3 この1皿で主菜にも
肉や魚が主役のサラダ ……12

Part 4 ほっとする味
5分でできる小さなサラダ ……13

この本の使い方
＊小さじ1＝5ml、大さじ1＝15ml、1カップ＝200mlです。
＊電子レンジは600Wのものを使用しています。
　500Wの場合は1.2倍の加熱時間を目安としてください。

Part 1 ムダなく食べられる！野菜丸ごと使いきりサラダ

トマト
- 塩味トマトのオリーブマリネ……20
- トマトと焼きなすのイタリアンマリネ……21
- トマトと長ねぎのごまあえサラダ……22
- プチトマトマリネのバジル炒め……23
- プチトマトとかいわれのサラダあえ……23

キャベツ
- ざく切り塩キャベツ……24
- キャベツとちくわののり佃煮ドレッシング……25
- 生ハムとにんにくチップ入りキャベツサラダ……26
- キャベツとわかめのだしサラダ……27

じゃがいも
- 皮むきレンジポテト……28
- 王道のポテトサラダ……29
- 粗つぶしポテトの鮭フレークサラダ……30
- ツナカレー風味のポテサラ……31
- めんつゆ味の肉じゃが風サラダ……31

ブロッコリー
- ブロッコリーのオイル蒸し……32
- ブロッコリーのカリカリヨーグルトサラダ……33
- ザーサイとねぎの中華サラダ……33

レタス
- ちぎりレタスのオイルマリネ……34
- せん切り大根とにんじんのせレタス……35
- かにかま入り和風サラダ……35

にんじん
- にんじんの塩もみ……36
- にんじんとツナのサラダ……37
- 炒めにんじんのレモンマリネ……37

大根
- いちょう大根の塩もみ……38
- 大根と油揚げのしそオリーブサラダ……39
- 大根とえびのピリ辛中華サラダ……39

きゅうり
- きゅうりの塩もみ……40
- きゅうりとわかめ、しょうがのなめたけドレッシング……41
- きゅうりの梅おかかソース……41

かぼちゃ
- レンジかぼちゃ……42
- かぼちゃとミックスリーフのアイオリソース……43
- 粗つぶしかぼちゃのナッツサラダ……43

アボカド
- グリルアボカド……44
- アボカドとグリルベーコンのレモンドレッシング……45
- アボカドと豆腐のマヨソース……45

フレッシュビーンズ
いんげん、さやえんどう、スナップえんどう
- フレッシュボイルドビーンズ……46
- ボイルドビーンズのたらこバターあえ……47
- スナップえんどうとささみのバンバンジー風……47

オクラ
- ゆでオクラ……48
- オクラとささみの梅マヨネーズ……49
- オクラとトマトのピーナッツバターあえ……49

もやし
- 炒めもやし……50
- もやしのサブジ風……51
- もやしのレモンマリネ……51

きのこ
- ミックスきのこ蒸し……52
- きのことルッコラのガーリックドレッシング……53
- きのことレタスのさっと塩煮……53

ごぼう
- ごぼうの酢炒め……54
- ごぼうのサラダきんぴら……55
- ごぼうのみそマヨサラダ……55

小松菜
- 小松菜の炒め蒸し……56
- 小松菜とふんわり卵のサラダ……57

Part 2 アレンジ自在！具だくさんの作りおきサラダ

マカロニサラダ……60
春雨、かにかま、きゅうりのピリ辛マヨサラダ……62
いろいろコールスロー……64
ラタトゥイユ風サラダ……66
ひじきと根菜の和風サラダ……68
切干大根のサラダ……69
なすと甘塩鮭の南蛮酢サラダ……70
グリル野菜の焼き浸しサラダ……71
冬野菜の蒸しサラダ……72
ハムときゅうりとピーナッツのそばサラダ……73
桜えびとごまの洋風ライスサラダ……74

Part 3 この1皿で主菜にも 肉や魚が主役のサラダ

鶏肉
鶏胸肉のねぎたっぷり中華マリネ……78
つるりん胸肉の梅味サラダ……79
ささみと水菜のスパイシー揚げ焼きサラダ……80
ほぐしささみとチーズ、トマトのごまマヨあえ……81

豚肉
豚しゃぶとキャベツのおかかサラダ……82
豚しゃぶとせん切り野菜のカリカリサラダ……83
豚肉とゴーヤーのチャンプルー風サラダ……84
ゆで豚とトマトのひじきドレッシングあえ……85

牛肉
牛肉と大根の韓国風サラダ……86
牛肉ときのこの和風サラダ……87

ひき肉
マーボー風肉みそドレッシングサラダ……88
簡単肉だんごと白菜のサラダ……89

肉加工品
ポークとゴーヤーのボイルサラダ……90
カレーソテーソーセージサラダ……91

魚
塩さばのエスニックサラダ……92
白身魚と紫玉ねぎのコリアンマリネ……93

えび
えびマヨとざく切りキャベツのサラダ……94
小えびのフライ入りサラダ……95

あさり
あさりと玉ねぎののり風味マリネ……96
しょうゆ漬けあさりとトマトのサラダ……97

いか
いかすみ風パスタサラダ……98
いかとにんじんとアスパラのマスタードサラダ……99

たこ
たことパプリカのおろしきゅうりあえ……100
イタリアンたこサラダ……101

ほたて
ほたてとアボカドのねぎ塩だれ……102
バターほたてとコーンのサラダ……103

魚の缶詰
さば缶と根菜のごまサラダ……104
いわし缶とほうれん草のサラダ……105
ツナとささみのパセリソース……106

卵
ゆで卵とレタスのサラダ……107

豆腐
焼きつけ豆腐と玉ねぎのマリネサラダ……108
豆腐のサラダキムチソース……109
カリカリ油揚げと白菜の
梅ソースサラダ……110

Part 4 ほっとする味 5分でできる小さなサラダ

オレンジと水菜のサラダ……112
ししとう炒めベーコンソースがけ……112
みょうがとかいわれの塩もみ……112
きゅうり、大根、
ヤングコーンのすし酢ピクルス……114
カラーパプリカの塩昆布浅漬け……114

プチトマトの昆布茶漬け……114
大根の水キムチ……116
大根とりんごのなます……116
白菜のゆずこしょう一夜漬け……117
わかめとしそのナムル……118
春菊とにんじんのナムル……119

Column

おいしいものを見極めたい！
野菜の選び方……14

サラダ作りが楽しくラクになる！
そろえておきたいキッチン道具……16

ここでおさらい
サラダをおいしくする秘訣……75

おいしさと栄養をキープする
肉や魚の上手な保存法……111

鮮度と栄養をキープする
野菜の上手な保存法……120

レパートリーが広がる
ドレッシングとたれ……122

素材別インデックス……124

この本で紹介する**4**つ

Part 1　ムダなく食べられる！
野菜丸ごと使いきりサラダ

軽く味つけしたり、加熱して下ごしらえした「サラダの素」に具や味をプラス

シンプルなので応用自在

新鮮なうちにまとめて作って手間なしラクラク

のタイプのサラダ

Part 2 アレンジ自在！具だくさんの作りおきサラダ

作るのに手間がかかる具だくさんサラダはいっぱい作ると味もよし

サラダ以外の料理にアレンジ

具をたしてまた違う味わいに

Part 3 この1皿で主菜にも
肉や魚が主役のサラダ

時間がたつと
しっかり味がしみて
おいしさアップ

涼しいうちに作っておけば
暑い日もラクラク

ご飯やパンを添えるだけで
バランスのいい食事に

Part 4 ほっとする味
5分でできる小さなサラダ

ピクルスや漬けものは
少し薄めの味にすると
たっぷり食べられる

お弁当にも活躍

あと1品と
いうときの
常備菜

おいしいものを見極めたい！
野菜の選び方

キャベツ

→ 緑色が濃いもの

春キャベツはふんわり巻いているもの、冬キャベツは硬く締まって重いものを。いずれも外葉の緑色が濃いものが新鮮。

レタス

→ 軽くて色が薄いもの

レタスは持ったときに軽いものが新鮮。色が濃いものは葉が硬くなっていることがある。切り口がみずみずしいものが good。

じゃがいも

→ 皮に張りがあるもの

表面に傷がなく、しわや色むらのないものを選んで。緑色に変色した部分には、体に有害な物質が含まれていることがあります。

ブロッコリー

→ 緑色が濃いもの

ブロッコリーは緑色が濃く、つぼみが密集して締まっているものが新鮮。切り口が黒ずんでおらず、すが入っていないものがフレッシュ。

アボカド

→ 皮に弾力があるもの

十分に熟したものは、皮が黒くなり、弾力があります。へたの部分を見て、皮との間にすき間がないものを選んで。

かぼちゃ

→ ずっしり重いもの

色むらがなく、皮につやと張りがある、重いものが良質です。カット済みのものは、種がよく育っているものが良質。

サラダに使う野菜は、特に新鮮でおいしいものを選びたいですね。
野菜の見極め方を覚えましょう。

トマト

→ 丸くて重みのあるもの

トマトの角ばっているものは、中が空洞化していることが。丸くて重みがあるものを選んで。へたもチェック。緑でピンとしているものを。

きゅうり

→ いぼがとがっているもの

触ったときにいぼが痛いくらいにとがっているものが新鮮。全体の緑色が濃く、太さが均一なものを選びましょう。

にんじん

→ 表面がなめらかなもの

色が濃いものは、βカロテンという栄養素が豊富です。凹凸が少なく、表面がなめらかなものを選びましょう。

大根

→ 重みのあるもの

太く、まっすぐで全体に張りとつやがあるものが良質です。重いのは新鮮で水分が豊富だというしるし。

きのこ

→ かさに張りがあるもの

かさに張りがあり、表面がしっとり湿っているものが新鮮。しめじは大株のものが良質。しいたけはかさの裏が変色していないものを。

サラダ作りが楽しくラクになる！そろえておきたいキッチン道具

ざる

直径24cm以上の大きなものが便利。サラダスピナー（水きり器）がない場合は、ざる2つを球形に合わせ持ち、中に野菜を入れてふるとよく水がきれる。

平ざる

「盆ざる」ともいいます。豆腐を水きりしたり、ゆでたものの熱を取りたいときにも、手早くさませます。

ピーラー

皮むき器。にんじんや大根、じゃがいもの皮をむくときに。刃に穴が開いていて、きんぴら用のせん切りができるタイプも。

小さなへら

たれやソースを混ぜたり、びん入りのマヨネーズやジャムなどをすくうときに。シリコン性のものが扱いやすく、においも移らないのでおすすめ。

ボウル

切った野菜を入れる、葉もの野菜を洗う、ソースを混ぜ合わせるなどさまざまな場面で使うので、サイズの違うものを複数用意しておくと便利。

サラダ作りには特殊なアイテムは必要ありませんが、水きりや皮むきなど、道具を活用できると、さらに簡単、スピーディに調理できます。

サラダスピナー

中にざるがついていて、野菜を入れてハンドルを回すと、遠心力で水がきれます。素早くきれいに水がきれて、おいしさがアップ。

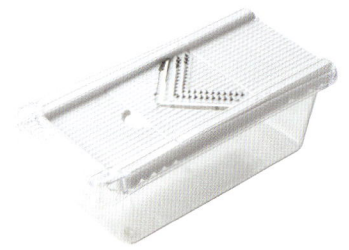

スライサー

刃の形によって、薄切り、せん切り、細切りなどができ、スピーディに仕上がります。

小さな泡立て器

ドレッシングやたれを混ぜるときに活躍。少量のものを溶きのばすときに使いやすいサイズです。

計量カップ&スプーン

200mlが計れる計量カップと、大さじ（15ml）、小さじ（5ml）を。特に料理に不慣れな間は、正確に計量して作り、量の感覚を覚えましょう。

保存容器はにおい移りしないものを

サラダを保存するときは、汁がもれず、においが移らない容器に入れましょう。ジッパーつきポリ袋で保存してもOK。

Part 1

ムダなく食べられる！

野菜丸ごと使いきりサラダ

気がつくと使い残している野菜。
一気に下ごしらえして「サラダの素」を作っておけば、
いつでも野菜をたっぷり食べられます。
そのまま食べてもおいしく、
ドレッシングや組み合わせる材料によって
いろいろな味を楽しめる、
野菜使いきりサラダをめしあがれ。

トマトで

トマトは薄く塩味をつけておくと、味がぎゅっと濃くなります。しみ出た汁にもうまみがいっぱい詰まっているので、上手にいかして。

材料（作りやすい分量）
トマト	中～大3個（1個約200g）
塩	小さじ½
オリーブオイル	大さじ2

基本

そのままのトマトより食べやすいやさしい味

塩味トマトのオリーブマリネ

トマトに塩をふったら、しばらくおくと、ぐっとおいしくなります。

冷蔵庫で**4日間**保存可能

作り方

1 切る
トマトはへたを取り、一口大の乱切りにする。

2 調味料と混ぜる
ボウルに入れ、塩とオリーブオイルを加えてさっと混ぜる。

3 保存する
清潔な保存容器に入れ、冷蔵庫で保存する。

塩味プチトマトのオリーブマリネ

塩味トマトのオリーブマリネ

プチトマトの場合は……

材料（作りやすい分量）
プチトマト	25個
塩	小さじ1
オリーブオイル	大さじ2

作り方
プチトマトはへたを取り、竹串でへたの回りを何か所か刺して穴を開ける。ボウルに入れ、塩とオリーブオイルを加えてさっと混ぜる。

●冷蔵庫で4日間保存可能

材料(2人分)
塩味トマトのオリーブマリネ	1カップ
なす	2本

ハーブ入りイタリアンドレッシング
- 酢…大さじ1½
- オリーブオイル…大さじ1
- 砂糖…小さじ⅓
- 塩・粗びき黒こしょう…各少々
- 乾燥ハーブ(バジル)…小さじ½

作り方

1. ボウルにドレッシングの材料を混ぜ合わせる。

2. なすは魚焼きグリルで全体がこげるまで焼く。熱いうちに竹串で皮をむく。へたのつけ根に竹串を刺すとむきやすい。

3. 2のなすを一口大に切り、1のボウルに入れる。トマトはかるく汁けをきって加え、さっと混ぜる。

> アレンジ

洋テイストの焼きなすとトマトが好相性

トマトと焼きなすのイタリアンマリネ

うまみいっぱいのトマトの汁を吸ったなすが絶妙。
なすをよく焼くのが、おいしさの秘訣です。

冷蔵庫で**3日間**保存可能

ねぎでフレッシュ感をプラス
トマトと長ねぎのごまあえサラダ

塩味トマトのオリーブマリネは薄味なので、こんなアレンジも。
和風の味にもマッチします。シャキッとした長ねぎがさわやか。

冷蔵庫で**2日間**保存可能

材料（2人分）
塩味トマトのオリーブマリネ	1カップ
長ねぎ	½本
あえごろも	
白すりごま	大さじ1
砂糖	小さじ1
しょうゆ	小さじ1

作り方

1. 長ねぎは縦半分に切ってから斜めせん切りにする。耐熱性の器に入れ、ふんわりとラップをかけて電子レンジで30秒加熱する。

2. ボウルにあえごろもの材料を入れて混ぜ、トマトマリネを汁ごと加える。ねぎを入れ、さっとあえる。

🍅 塩味プチトマトのオリーブマリネで

プチトマトのマリネは、活用度大。生食のサラダだけでなく、さっと炒めたり、パスタに入れてもおいしい！

その日のうちに食べきる

アレンジ

プチンとはじける食感も楽しい

プチトマトマリネのバジル炒め

皮がしっかりしているプチトマトは、炒めても美味。バジルは炒める直前にちぎって香りを楽しんで。

材料(2人分)
塩味プチトマトのオリーブマリネ	8〜10個
フレッシュバジル	5枚
オリーブオイル	大さじ½
塩	少々

作り方

1 フレッシュバジルは葉を摘む。

2 フライパンにオリーブオイルを弱めの中火で熱し、プチトマトを入れる。少し炒めたら、バジルの葉をちぎりながら加え、塩少々をふってさっと炒めて火を止める。

その日のうちに食べきる

アレンジ

マヨだけでも奥深い味

プチトマトとかいわれのサラダあえ

マヨネーズでさっとあえるだけで、ぴたりと味が決まります。かいわれの辛みがアクセント。

材料(2人分)
塩味プチトマトのオリーブマリネ	8〜10個
かいわれ菜	½パック
マヨネーズ	小さじ1

作り方

1 かいわれは根元を切って3等分にする。

2 ボウルにすべての材料を入れ、さっと混ぜる。

キャベツで

キャベツは刻むのが面倒になってしまい込んだり、使い残してしまいがち。一気に刻んで塩でもんでおくと、さっと使えておいしく食べきれます。

材料（作りやすい分量）

キャベツ	大5枚（春キャベツは小½個）
塩	小さじ1

基本

ほんのり塩味がつくと、ぐっと食べやすさがアップ

ざく切り塩キャベツ

生のキャベツはおいしさも格別ですが、ごわついてたくさんは食べにくいもの。塩キャベツにすると、いつでも食べられて、冷蔵庫もすっきり。

冷蔵庫で
1週間
保存可能

作り方

1 切る

キャベツは芯を取り除き、一口大のざく切りにする。

2 塩をふってもむ

ジッパーつきポリ袋に入れ、塩を加えてよくもむ。

3 保存する

ジッパーを閉め、そのまま、もしくは清潔な保存容器に移して冷蔵庫で保存する。

材料(2人分)
ざく切り塩キャベツ
　　　　　　　　1つかみ
ちくわ　　　　　2本
ドレッシング
　のりの佃煮…小さじ2
　酢…大さじ2
　サラダ油…大さじ1½
　砂糖…小さじ½

作り方

1　塩キャベツは軽く水けを絞る。ちくわは斜め薄切りにする。

2　ボウルにドレッシング用ののりの佃煮を入れて、調味料を順に混ぜ合わせる。

3　別のボウルにキャベツとちくわを入れてざっと混ぜる。器に盛り、2のドレッシングをかけていただく。

その日のうちに食べきる

アレンジ

のりがキャベツの甘みを引き立てる

キャベツとちくわののり佃煮ドレッシング

塩キャベツはごく薄味なので、ドレッシングをかけても塩辛くなりません。風味豊かなのり佃煮を合わせて。

香ばしいにんにくとキャベツが抜群

生ハムとにんにくチップ入りキャベツサラダ

カリッとローストしたにんにくと、生ハムを組み合わせて。
うまみ豊かな食材が、キャベツの持ち味を引き立てます。

その日の
うちに
食べきる

 ＋

材料(2人分)

ざく切り塩キャベツ	軽く1つかみ
生ハム	40g
にんにく	小1片
サラダ油	大さじ1
粉チーズ	適宜

作り方

1 塩キャベツは軽く水けを絞る。にんにくは輪切りにして芯を除いてフライパンに入れ、サラダ油を加えて弱火にかける。

2 きつね色になるまで6〜7分、炒めるように揚げて、油をきる。

3 器に塩キャベツを入れ、生ハムを食べやすくちぎってからくるくると巻いてのせ、2のにんにくを散らす。粉チーズをふっていただく。

材料(2人分)
ざく切り塩キャベツ	1つかみ
わかめ(乾燥)	2g
だししょうゆ	
和風だしの素(顆粒)	…小さじ½
水	…大さじ4
しょうゆ	…大さじ1
ゆずこしょう	…小さじ⅓～½
白いりごま	…小さじ1

作り方

1 わかめはたっぷりの水でもどし、ざるに上げて水けをよくきる。塩キャベツは軽く水けを絞る。

2 器に和風だしと水を入れ、粒がなくなるまでよく混ぜる。溶けたらしょうゆとゆずこしょうを加えて混ぜる。

3 別のボウルに塩キャベツとわかめを入れ、**2**のだししょうゆを加えてよく混ぜる。器に盛り、ごまをふる。

アレンジ

冷蔵庫で**2**日間保存可能

ほっとするやさしい味

キャベツとわかめのだしサラダ

ゆずこしょう風味のだししょうゆでさっとあえて。
だし汁を取るのが大変なら、顆粒だしを上手に使って。

じゃがいもで

じゃがいもはレンジ蒸しに。ポテトサラダを作るのも簡単！ レンジポテトはスープの実にしたりオムレツに入れても。

材料（作りやすい分量）
じゃがいも　3〜4個（1個約120〜130g）
塩　　　　　小さじ½
こしょう　　少々

基本

ほくほくした食感が◎
皮むきレンジポテト

じゃがいもはレンジで蒸したあと、熱いうちに味つけを。
薄く下味をつけておくと、
あとの調味料は少なめでも味が決まります。

冷蔵庫で **4**日間 保存可能

作り方

1　切って水にさらす
じゃがいもは皮をむき、一口大に切ってたっぷりの水に5分ほどさらす。

2　レンジで加熱する
水けをきって耐熱性のボウルに入れ、ふんわりとラップをして電子レンジで8分30秒〜9分加熱する。

3　味つけする
熱いうちに塩、こしょうをふって混ぜる。

 +

材料（2人分）
皮むきレンジポテト	7～8切れ
きゅうり	½本
ハム	2枚
ゆで卵	1個
塩、こしょう	各少々
マヨネーズ	大さじ3
好みで酢	大さじ1

作り方

1. きゅうりは薄い小口切りにし、塩少々をふる。しんなりしたら汁けを軽く絞る。ハムは放射状に8等分する。

2. 耐熱性のボウルに皮むきレンジポテトを入れ、電子レンジで30秒加熱する。熱いうちにフォークで粗くつぶす。

3. マヨネーズ大さじ3、塩、こしょうをふり、軽く混ぜ合わせる。好みで熱いうちに酢大さじ1を加えてもいい。きゅうり、ハムも加えてよく混ぜ合わせ、ゆで卵を散らす。

アレンジ

だれもが大好きな味
王道のポテトサラダ

大人も子どもも大好きな、王道のポテトサラダ。冷たいままのポテトでも作れますが、もう一度軽く温めると味のなじみがよくなります。

その日のうちに食べきる

ざくざくつぶすと、また違った味わい

粗つぶしポテトの鮭フレークサラダ

市販の鮭フレークを入れて。黒すりごまをたっぷり加え、コクと風味豊かに仕上げます。

冷蔵庫で **2日間** 保存可能

材料(2人分)
- 皮むきレンジポテト　7〜8切れ
- 鮭フレーク　大さじ4
- **黒ごまドレッシング**
  - 酢…大さじ1
  - サラダ油…大さじ1
  - ごま油…大さじ1
  - 砂糖…小さじ1/3
  - こしょう…少々
  - 黒すりごま…大さじ1/2

作り方

1. ボウルにドレッシングの材料を混ぜ合わせる。
2. 耐熱性のボウルにレンジポテトを入れ、電子レンジで30秒加熱する。熱いうちにフォークで粗くつぶす。

3. 2にドレッシングと鮭フレークを加え、混ぜ合わせる。

冷蔵庫で2日間保存可能

アレンジ

カレー味があとを引く！
ツナカレー風味のポテサラ

ほっくりしたじゃがいもと、カレー味のツナをあえて。メリハリがきいた味で、ビールにも合います。

材料(2人分)
皮むきレンジポテト	7～8切れ
ツナ缶詰	1缶(80g)
塩もみにんじん	40g(p.36参照)
カレー粉	小さじ1
酢	小さじ1
塩	小さじ⅓

作り方

1 ツナは缶汁をきり、ボウルに入れる。カレー粉をふり入れて混ぜ合わせる。

2 耐熱性のボウルに皮むきレンジポテトを入れ、電子レンジで30秒加熱する。熱いうちに酢、塩を混ぜる。

3 1のボウルにレンジポテトとにんじんを入れ、混ぜ合わせる。

冷蔵庫で2日間保存可能

アレンジ

おなじみの味をサラダ仕立てに
めんつゆ味の肉じゃが風サラダ

ほっとする肉じゃがの味。肉は入っていませんが、さっぱりしていて、軽やかに食べられます。

材料(2人分)
皮むきレンジポテト	7～8切れ
玉ねぎ	½個
しらたき	50g
めんつゆ(2倍濃縮)	大さじ4

作り方

1 玉ねぎは6等分のくし形に切る。しらたきは水けをきって食べやすく切る。

2 耐熱性のボウルに玉ねぎ、しらたき、めんつゆを入れ、水大さじ2を加えてふんわりとラップをする。

3 電子レンジで2分加熱し、取り出してレンジポテトを加え、混ぜ合わせる。

ブロッコリーで

ブロッコリーはゆでずに、少量の水で蒸し煮に。時間がたっても水っぽくならず、ぎゅっと味が濃くなります。

材料（作りやすい分量）
ブロッコリー	大きめ1株（約250〜300g）
水	¼カップ
オリーブオイル	大さじ1½
塩	小さじ⅓

基本

コリッとした食感も◎

ブロッコリーのオイル蒸し

蒸し上げたあとに、オリーブオイルをまぶしておくと、しっとり。サラダにアレンジせずにハンバーグなどのつけ合わせにしても。

冷蔵庫で**4日間**保存可能

作り方

1 切る
ブロッコリーは小房に分ける。

2 水を入れて蒸す
フライパンにブロッコリーと水を入れ、すぐにふたをして、弱めの中火にかける。沸騰したら弱火にして、3分蒸し煮にする。

3 オイルをまぶす
オリーブオイルと塩を加え、火を止めて1〜2分蒸らす。

その日の うちに 食べきる

冷蔵庫で 2日間 保存可能

アレンジ
コーンフレークがアクセント
ブロッコリーのかりかりヨーグルトサラダ

さわやかなヨーグルトマヨネーズを合わせて。
ブロッコリーの自然な甘みが引き立ちます。

材料(2人分)
- 蒸しブロッコリー　6〜7房
- コーンフレーク　大さじ3〜4
- ヨーグルトマヨネーズ
  - プレーンヨーグルト…大さじ3
  - マヨネーズ…大さじ1
  - 砂糖…小さじ¼
  - 塩…小さじ¼

作り方

1. 器にヨーグルト、砂糖、塩を入れてざっと混ぜ、マヨネーズを加えて混ぜる。

2. 器に蒸しブロッコリーを盛り、ヨーグルトマヨネーズをかけ、コーンフレークを散らす。

アレンジ
ザーサイソースがあとを引くおいしさ
ザーサイとねぎの中華サラダ

うまみいっぱいのザーサイとねぎが、
メリハリがついた味に。ブロッコリーとよく合います。

材料(2人分)
- 蒸しブロッコリー　6〜7房
- ザーサイ　20g
- 長ねぎ　⅓本
- ごまドレッシング
  - しょうゆ…大さじ½
  - ごま油…大さじ1
  - 白いりごま…大さじ½

作り方

1. 長ねぎとザーサイは粗みじんに切る。ともに耐熱性のボウルに入れ、電子レンジで30秒加熱してドレッシングの材料を入れて混ぜる。

2. 1のボウルに蒸しブロッコリーを入れて混ぜる。

レタスで

すぐにしなびてしまうレタスは、ちぎってオイルをかけておくと翌日もしゃっきり！ たっぷり食べられます。

材料（作りやすい分量）
レタス	1玉
オリーブオイル	大さじ1

基本

オイルの効果で乾燥せず、みずみずしい

ちぎりレタスのオイルマリネ

一気に下ごしらえしておくと、気軽に食べられます。
歯ざわりを損なわないよう、もみすぎに注意。

冷蔵庫で**3日間**保存可能

作り方

1 ちぎる
レタスは食べやすい大きさにちぎる。

2 オイルをかける
ジッパーつきポリ袋に入れて、オリーブオイルを加える。

3 なじませる
オイルが全体になじむよう、軽く袋をふって空気を抜いて封をする。強くもまないよう注意する。

保存は……
ジッパーつきポリ袋に入れたまま、冷蔵庫で保存する。

アレンジ **食感の違いが楽しい**
せん切り大根とにんじんのせレタス

さっと塩もみした野菜をのせて。
ナンプラー＆レモン味でさっぱりと。

材料(2人分)
ちぎりレタス	適量
大根	3cm
にんじん	1/3本
エスニックドレッシング	
レモン汁	大さじ1
サラダ油	大さじ1
砂糖	小さじ1
ナンプラー	小さじ1
しょうゆ	小さじ1/2
赤唐辛子のみじん切り	1/2本分

作り方

1. 大根とにんじんはせん切りにする。ボウルに入れ、塩少々をふってしんなりしたら水けを絞る。

2. ボウルにドレッシングの材料を入れ、混ぜ合わせる。

3. **2**に大根とにんじんを入れて混ぜる。食べる直前にレタスを加えてさっとあえる。

アレンジ **和風のおひたしのような感覚で**
かにかま入り和風サラダ

シャキッとしたレタスとかにかまが好相性。
ポン酢にごま油を入れた超簡単ドレッシングです。

材料(2人分)
ちぎりレタス	適量
かにかまぼこ	4〜5本
ポン酢ドレッシング	
味つけぽん酢	大さじ3
ごま油	小さじ1
焼きのり	適量

作り方

1. かにかまぼこは長さを半分に切ってから食べやすく裂く。

2. ボウルにぽん酢ドレッシングの材料を入れて混ぜ、かにかまを加えて混ぜる。

3. 器にレタスを盛り、**2**を汁ごとかけてのりをちぎってのせていただく。

にんじんで

ほんのり塩味がついたにんじんは、自然な甘みが引き立ちます。スライサーで作るとラクチン。

材料（作りやすい分量）
にんじん　　　1½本
塩　　　　　　小さじ⅓

基本

シャキッとした歯ざわり
にんじんの塩もみ

いろいろな料理の彩りとして、ちょっとのせられて便利。太さはお好みで調整を。

冷蔵庫で **4日間** 保存可能

作り方

1 スライスする
にんじんはスライサーで好みの太さの細切りにする。

2 塩をふる
ボウルに入れ、塩をふって軽くもむ。しんなりしたら、水けを絞る。

アレンジ　王道の組み合わせ

にんじんとツナのサラダ

にんじんにツナのうまみがなじんでどんどん食べられます。
ツナの汁けをきってからあえて。

その日のうちに食べきる

材料(2人分)
- 塩もみにんじん　1カップ
- ツナ缶詰　1缶(約80g)
- マヨネーズ　大さじ1
- こしょう　少々
- あれば乾燥パセリ　適宜

作り方

1. ツナはざるに入れて缶汁をきる。

2. ボウルに1とマヨネーズ、こしょうを入れて混ぜる。にんじんを加えて混ぜ、パセリをふる。

アレンジ　じゃこの香ばしさがたまらない！

炒めにんじんのレモンマリネ

カリカリに炒めたちりめんじゃこが香ばしく、
にんじんとベストマッチ。

冷蔵庫で2日間保存可能

材料(2人分)
- 塩もみにんじん　1カップ
- ちりめんじゃこ　20g
- サラダ油　大さじ2
- 塩　少々

レモンマリネ液
- レモンの絞り汁…½個分、砂糖…小さじ⅔
- 塩…小さじ¼、粗びき黒こしょう…少々
- オリーブオイル…大さじ1

作り方

1. バットにレモンマリネ液の材料を入れ、混ぜ合わせる。

2. フライパンにサラダ油大さじ1½を入れて弱めの中火にかけ、ちりめんじゃこを香ばしく炒める。色づいたら、塩少々を入れひと混ぜする。キッチンペーパーの上にあけ、油をきる。

3. ペーパーでフライパンをさっと拭き、残りの油を熱し、にんじんをさっと炒める。バットにあけ、じゃこ加えて10分ほどなじませる。

大根で

塩もみ大根は本当に便利！
そのままでもおいしく、かさが減ってたっぷりいただけます。

材料（作りやすい分量）
大根	500g（約15cm）
塩	小さじ1

基本

みずみずしさいっぱい
いちょう大根の塩もみ

サラダにアレンジしやすいよう、味は薄めです。
さっぱりして、ほっとする味。

冷蔵庫で **4日間** 保存可能

作り方

1 切る
大根は3〜4mm幅のいちょう切りにする。

2 塩をふる
塩をふって少しおき、しんなりしたらよく水けを絞る。

冷蔵庫で
2日間
保存可能

アレンジ
しそドレッシングで食がすすむ
大根と油揚げのしそオリーブサラダ

大根としそ、和風の組み合わせですが、
オリーブオイルのおかげで、洋風のおかずにもマッチ。

材料(2人分)
塩もみ大根	1カップ
油揚げ	1枚
しそドレッシング	
青じそのみじん切り	5枚
オリーブオイル	大さじ2
塩	小さじ1/4

作り方

1 油揚げはグリルで両面をさっと焼き、縦半分に切ってから4〜5mm幅の細切りにする。

2 ボウルにしそドレッシングの材料を混ぜ合わせる。

3 別のボウルに大根と油揚げを入れて混ぜ、器に盛ってしそドレッシングをかけていただく。

その日の
うちに
食べきる

アレンジ
さっぱりした大根とえびの組み合わせ
大根とえびのピリ辛中華サラダ

えびと大根の色の対比が目にも美しいサラダ。
豆板醤の辛みをきかせて。

材料(2人分)
塩もみ大根	1カップ
むきえび	100g
ピリ辛ドレッシング	
酢	大さじ1 1/2
ごま油	大さじ1
しょうゆ	大さじ2/3
豆板醤	小さじ1/2
砂糖	小さじ1/3
白すりごま	大さじ1/2

作り方

1 えびは背わたがあれば取り、厚みを半分に切る。塩少々を入れた熱湯で2分ほどゆで、キッチンペーパーで水けをよく拭く。

2 ボウルにピリ辛ドレッシングの材料を入れ、混ぜ合わせる。

3 大根とむきえびを器に盛り、2をかけていただく。

きゅうりで

おなじみの「きゅうりの塩もみ」を薄味で。アレンジしやすいので、たくさん作ってストックしておくと便利。

材料（作りやすい分量）
きゅうり　4本
塩　小さじ2/3

基本

いくらでも食べられそう
きゅうりの塩もみ

ストックする場合は、よく水けを絞って。
時間がたっても歯ざわりが保てます。

冷蔵庫で**4日間**保存可能

作り方

1　塩をふって洗う
手に塩をひとつかみ（分量外）を取り、きゅうりを持って表面をこすり、塩けを洗い流す。

2　切る
へたを切り落とし、端から小口切りにする（スライサーでもOK）。

3　塩をまぶす
塩をふって少しおき、しんなりしたらよく水けを絞る。

> アレンジ なめたけをドレッシングに

きゅうりとわかめ、しょうがのなめたけドレッシング

その日のうちに食べきる

なめたけをドレッシングに入れると、よくなじんで美味。
きゅうりの水けをもう一度絞って歯ざわりよく仕上げて。

材料(2人分)
- 塩もみきゅうり　1カップ
- わかめ(乾燥)　2g
- プチトマト　4個
- なめたけドレッシング
  - 酢…大さじ1
  - サラダ油…大さじ1
  - ごま油…大さじ½
  - なめたけ(びん詰め)…大さじ3
  - しょうがのみじん切り…小1かけ分

作り方

1. わかめはたっぷりの水でもどし、ざるに上げて水けをよくきる。プチトマトはへたを取り、半分に切る。ボウルになめたけドレッシングの材料を入れ、混ぜ合わせる。

2. きゅうりはよく水けを絞る。

3. 器にきゅうり、わかめ、プチトマトを盛り、ドレッシングをたっぷりかけていただく。

> アレンジ たたき梅と合わせてさっぱりと

きゅうりの梅おかかソース

冷蔵庫で2日間保存可能

梅をソースに加えたさわやかな和風サラダ。
おかかでうまみをプラス。

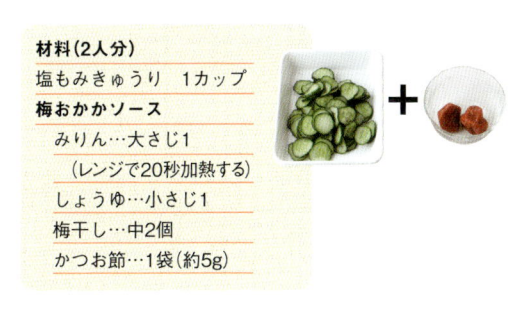

材料(2人分)
- 塩もみきゅうり　1カップ
- 梅おかかソース
  - みりん…大さじ1
    (レンジで20秒加熱する)
  - しょうゆ…小さじ1
  - 梅干し…中2個
  - かつお節…1袋(約5g)

作り方

1. 梅干しは種をはずして包丁で細かくたたく。

2. ボウルに梅おかかソースの材料を入れて混ぜ、きゅうりを加えて混ぜる。

かぼちゃで

ほっくり甘いかぼちゃは、大人も子どもも大好き。
レンジで蒸した状態で保存できます。

材料（作りやすい分量）
かぼちゃ
1/4個（約400〜450g）

基本

味つけなしでそのままどうぞ
レンジかぼちゃ

蒸しかぼちゃは電子レンジで手軽に作ります。
先にチンしてから切ると、柔らかくて初心者でも簡単。

冷蔵庫で
4日間
保存可能

作り方

1 種とわたを取る
かぼちゃはスプーンなどでわたを取り除く。

2 加熱して切る
ラップで包み、電子レンジで2分加熱する。取り出して2cm角に切る。

3 レンジで加熱
耐熱性のボウルに入れ、ふんわりとラップをかけてレンジで5分30秒〜6分加熱する。

> その日のうちに食べきる

アレンジ にんにく風味のソースが合う！

かぼちゃとミックスリーフのアイオリソース

にんにく風味のマヨネーズ、「アイオリソース」をかけて。
ピリッとしてコクのあるソースが、かぼちゃの甘みを引き立たせます。

材料(2人分)
- レンジかぼちゃ　8〜9切れ
- ミックスリーフ　1袋
- アイオリソース
  - マヨネーズ…大さじ2
  - オリーブオイル…大さじ1
  - 酢…小さじ1
  - 砂糖…少々
  - にんにく(チューブ)…少々

作り方

1. 器にマヨネーズ、酢、砂糖、にんにくを入れ、オリーブオイルを少しずつ加えながら混ぜ合わせる。

2. かぼちゃとミックスリーフを器に盛り、アイオリソースをかける。

> その日のうちに食べきる

アレンジ 女性が好きな組み合わせ

粗つぶしかぼちゃのナッツサラダ

カリッとしたナッツが食感にも味にもリズムをつけます。
かぼちゃのつぶし具合はお好みで。

材料(2人分)
- レンジかぼちゃ　10切れ
- くるみ(ロースト)　20g
- チーズマヨネーズ
  - マヨネーズ…大さじ2½
  - レモンの絞り汁…大さじ1
  - 砂糖…小さじ1
  - 粉チーズ…大さじ½

作り方

1. 器にチーズマヨネーズの材料を入れ、混ぜ合わせる。くるみは粗く刻む。

2. レンジかぼちゃはフォークで粗くつぶす。

3. 2にくるみを加えてさっと混ぜ、器に盛る。チーズマヨネーズをかけていただく。

アボカドで

サラダの人気野菜、一度切ると傷みやすいアボカドは、グリルで焼いてストック。変色が防げ、こっくりとした味わいが増します。

材料（作りやすい分量）
アボカド　　3個

基本

濃厚なコクを楽しんで
グリルアボカド

もともとクリーミーでコクがあるアボカドですが、グリルで焼くと、さらに濃厚でおいしい。

冷蔵庫で **3日間** 保存可能

作り方

1 切る
アボカドは真ん中に包丁を当ててぐるりと切り目を入れ、上下をひねって2つに分ける。

2 種を取る
大きめのスプーンで種をくり抜き、皮をむいて縦半分に切る。

3 グリルで焼く
片面焼きグリルの場合、2分予熱する。焼き網の上にアボカドを並べて入れ、3分焼いて裏返してさらに3分焼く。両面焼きグリルの場合は5〜6分ほど焼く。

冷蔵庫で
2日間
保存可能

アレンジ レモンの酸味で味を引き締めて

アボカドとグリルベーコンの
レモンドレッシング

ベーコンもこんがり焼いて、粗びきこしょうをきかせてワイルドに。レモンの酸味が素材の味を引き出します。

材料(2人分)
グリルアボカド　　1½個
ベーコン　　　　　2枚
レモンじょうゆドレッシング
　レモンの絞り汁…1個分
　オリーブオイル…大さじ1
　砂糖…小さじ1
　しょうゆ…小さじ½
　粗びき黒こしょう…適宜

作り方

1 ベーコンは1.5cm幅に切ってフライパンでカリッと焼く。ボウルにレモンじょうゆドレッシングの材料を入れ、混ぜ合わせる。

2 アボカドは4等分に切る。

3 2をベーコンとともに別のボウルに入れて混ぜ、器に盛る。ドレッシングをかけていただく。

その日の
うちに
食べきる

アレンジ 豆腐をソースのようにくずして

アボカドと
豆腐のマヨソース

ざっくりくずした豆腐が、ソースのようにアボカドにからんで、トロッとしたおいしさ。わさびがかくし味。

材料(2人分)
グリルアボカド　　1½個
豆腐(木綿)　　　　½丁
わさびマヨネーズ
　マヨネーズ…大さじ3½
　しょうゆ…小さじ½
　わさび…小さじ1〜1½

作り方

1 豆腐はキッチンペーパーに包んで15分ほどおき、水けをきる。

2 ボウルに1の豆腐を入れ、フォークで粗くつぶす。別のボウルにわさびマヨネーズの材料を入れ、混ぜ合わせる。

3 アボカドは1cm幅に切って豆腐のボウルに入れる。わさびマヨネーズを加えてさっとあえ、器に盛る。

フレッシュビーンズで

いんげん、スナップえんどうなどのフレッシュビーンズ。数種類をゆでておきます。単独で使っても、ミックスして使っても。

材料（作りやすい分量）
いんげん	100g
スナップえんどう	120g
さやえんどう	80g
水	¼カップ
塩	少々

基本

さっとゆでて。ゆですぎ禁物

フレッシュボイルドビーンズ

フレッシュビーンズは食感がいのち。ゆでた後は、水けをしっかり取って変色を防いで。

冷蔵庫で4日間保存可能

作り方

1 へたを取る
いんげんはへたを取って半分に切る。スナップえんどうとさやえんどうはへたと筋を取る。

2 水を入れて加熱
フライパンに豆類を入れて塩をふり、水を入れてふたをする。

3 蒸す
弱火で4分蒸し煮にし、ざるに上げて一気にさます。

アレンジ おつまみにもなるうまみいっぱい

ボイルドビーンズのたらこバターあえ

冷蔵庫で2日間保存可能

豆にたらこが適度にからみ、
一口、また一口と箸がすすみます。
口あたりが悪くならないよう、バターは少量で。

材料(2人分)
ボイルドビーンズ(いんげん・さやえんどう)	適量
※ほかの豆でもOK	
たらこ	½腹(40〜50g)
バター	大さじ1

作り方

1 たらこは薄皮を取って器に入れる。

2 耐熱性の器にバターを入れ、電子レンジで20秒加熱し、たらこを加えて混ぜる。

3 ボウルにボイルドビーンズを入れ、2のたらこバターを加えてさっと混ぜる。

アレンジ 豆のシャキシャキした食感が◎

スナップえんどうとささみのバンバンジー風

冷蔵庫で2日間保存可能

淡泊な鶏と、えんどうの優しい甘みが絶妙のおいしさに。
コクのあるごまだれでどうぞ。

材料(2人分)
ボイルドビーンズ	適量
鶏ささみ	2本
酒	大さじ½
塩	少々
ごまだれ	
白ねりごま	大さじ2
酢	大さじ1
しょうゆ	大さじ½
ごま油	大さじ½
ラー油	少々

作り方

1 ささみは筋を取り除き、耐熱性の器に入れて、酒大さじ½を回しかける。塩少々をふり、ふんわりとラップをして電子レンジで2分加熱する。粗熱が取れたら食べやすく裂く。

2 ボウルにごまだれの材料を入れ、混ぜ合わせる。

3 別のボウルに豆類とささみを入れてさっと混ぜ、器に盛ってごまだれをかける。

オクラで

「添えもの」としてちょっとだけ使うことが多いオクラ。数パック分をまとめてゆで、あえたり、添えたり、他の野菜との組み合わせを試してみても。

材料（作りやすい分量）
オクラ	3袋（30本）
塩	適宜

基本

粘り成分で元気な体に
ゆでオクラ

シャキシャキとした歯ざわりと、粘り、2つの魅力を楽しんで。栄養も豊富です。

冷蔵庫で **4日間** 保存可能

作り方

1 塩をふる
オクラは袋ごとさっと洗い、塩適宜をふって手でこすり合わせる。

2 ゆでる
流水でさっと洗い、沸騰した湯で1分ほどゆで、ざるに上げてさます。

冷蔵庫で**2**日間保存可能

アレンジ　梅の風味でさっぱりと
オクラとささみの梅マヨネーズ

オクラの味を楽しめるよう、ソースはあえずに添えて。つけながらめしあがれ。

材料(2人分)
ゆでオクラ	5～6本
鶏ささみ	2本
酒	大さじ1
塩	少々

梅マヨネーズ
梅干し…中1個、マヨネーズ…大さじ1½
みりん…大さじ1(レンジで10秒加熱する)

作り方

1. ささみは筋を取り除き、耐熱性の器に入れて、酒大さじ1を回しかける。塩少々をふり、ふんわりとラップをして電子レンジで2分加熱する。粗熱が取れたら食べやすく裂く。

2. 梅干しは種をはずしてたたき、梅マヨネーズの材料と混ぜ合わせる。

3. オクラはがくを切って斜めに3等分に切る。ささみとともに器に盛り、梅マヨネーズをかける。

その日のうちに食べきる

アレンジ　インドネシア風の味つけ
オクラとトマトのピーナッツバターあえ

インドネシアの料理「ガドガド」風のアレンジ。ピーナッツバターの濃厚な味がオクラと好相性。

材料(2人分)
ゆでオクラ	4～5本
トマト	1個

ピーナッツソース
ピーナッツバター(無糖)
　…大さじ1(無糖がない場合は
　砂糖の量を控える)
水…大さじ1
砂糖…小さじ1
しょうゆ…小さじ½
あればチリパウダー…少々

作り方

1. オクラは縦半分に切る。トマトは薄めのくし形に切る。

2. 器にピーナッツバターを入れ、水を少しずつ加えてなめらかにのばす。ほかの調味料も加えて混ぜる。

3. 器に野菜を盛り、ピーナッツソースをかける。

もやしで

ゆでておくと、どうしても水っぽくなるもやしは、フライパンで「からいり」。シャキッとして味も引き締まります。

材料（作りやすい分量）
もやし　2袋（400g）

基本

シャキシャキしてたくさん食べられる

炒めもやし

フッ素樹脂加工のフライパンに、油をひかずに入れて炒めます。もやし特有のくさみも抑えられ、おいしさアップ。

冷蔵庫で**4日間**保存可能

作り方

1 ヒゲ根を取る
もやしはヒゲ根を取る。

2 からいりする
フッ素樹脂加工のフライパンにもやしの½量を入れ、中火で1分～1分30秒炒めてざるに上げ、さます。

3 残りもいる
残りも同様に炒める。

アレンジ

カレー味が食欲をそそる

もやしのサブジ風

「サブジ」はインド料理のひとつで、野菜を
炒め煮や蒸し煮にしたもの。
もやしを再度炒める必要はなく、ひき肉と混ぜるだけ。

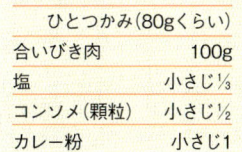

冷蔵庫で2日間保存可能

材料(2人分)
炒めもやし	
ひとつかみ(80gくらい)	
合いびき肉	100g
塩	小さじ1/3
コンソメ(顆粒)	小さじ1/2
カレー粉	小さじ1
サラダ油	大さじ1/2

作り方

1. フライパンにサラダ油を中火で熱し、ひき肉を炒める。色が変わったら、塩、コンソメを順に加えてなじませるように炒め、カレー粉を入れて混ぜる。

2. 火を止めてもやしを入れ、なじませるように混ぜる。

アレンジ

紫玉ねぎともやしでさっぱりと

もやしのレモンマリネ

もやしと紫玉ねぎ、野菜だけのシンプルマリネ。
つけ合わせや箸休めにもぴったりです。

冷蔵庫で2日間保存可能

材料(2人分)
炒めもやし	
ひとつかみ(80〜100g)	
紫玉ねぎ	1/2個
レモンマリネ液	
レモンの絞り汁…1個分	
レモンの輪切り(放射状に切ったもの)…3枚分	
オリーブオイル…大さじ1	
砂糖…小さじ1	
塩…小さじ1/3	
こしょう…少々	

作り方

1. バットにレモンマリネ液の材料を入れ、混ぜ合わせる。

2. 紫玉ねぎは縦に薄切りにして塩少々(分量外)をふり、しばらくしたら水にさらして、水けをしっかり絞る。

3. もやしと紫玉ねぎを1のバットに入れて混ぜ、味をなじませる。

きのこで

鮮度や風味が落ちるのが早いきのこは、まとめ調理にうってつけ。酒いりにしておくと、サラダ以外にもパスタや炊き込みご飯にも活用できます。

材料（作りやすい分量）
しめじ	2パック
えのきだけ	大1袋(200g)
生しいたけ	1パック
酒	大さじ2

基本

うまみいっぱい
ミックスきのこ蒸し

好みの種類のきのこを合わせて。酒をふるとぐっと香りがよくなります。

冷蔵庫で **4日間** 保存可能

作り方

1 切る
しめじはあれば石づきを切り落とし、ほぐす。えのきは袋ごと根元を切って長さを半分にする。しいたけは石づきを切り、薄切りにする。

2 酒をふって蒸す
フライパンにきのこを入れて酒をふり、弱火にかける。ふたをしてときどき混ぜながら3〜4分蒸し煮する。

3 汁をきる
粗熱が取れたらざるに上げ、汁けをきる。

アレンジ　きのこ×にんにく、王道の組み合わせ

きのことルッコラの
ガーリックドレッシング

その日のうちに食べきる

トロリとしたきのこ、フレッシュなルッコラの
食感の違いを楽しむ一皿。
にんにくは手軽なチューブのものを使って。

材料(2人分)
- ミックスきのこ　1カップ
- ルッコラ　30g(1袋)
- ガーリックオイル
  - にんにく(チューブ)…1cm
  - オリーブオイル…大さじ1
  - 酢…大さじ1
  - 塩…小さじ1/3
  - 砂糖…少々
  - こしょう…少々

作り方

1. ボウルにガーリックオイルの材料を入れて混ぜ合わせる。
2. ルッコラは根元を切り落として長さを半分に切る。
3. 器にきのことルッコラを盛り合わせ、ガーリックオイルをかける。

アレンジ　さっと煮たレタスが目新しい味

きのことレタスの
さっと塩煮

その日のうちに食べきる

レタスもきのこも煮ますが、短時間で仕上げ、
サラダらしいみずみずしさを残して。
かさが減って驚くほど食べられます。

材料(2人分)
- ミックスきのこ　1カップ
- レタス　大3枚
- 煮汁
  - 水…1/4カップ
  - 鶏ガラスープ(顆粒)…小さじ1/3
  - 塩…少々
- 好みでラー油…少々

作り方

1. レタスは食べやすい大きさにちぎる。ボウルに煮汁の材料を混ぜ合わせる。
2. フライパンにレタスと煮汁を入れ、ふたをして中火にかける。 
3. 1〜2分したらきのこを入れてさっと混ぜ、火を止めてラー油をかける。

ごぼうで

きんぴらばかり作ってしまいがちなごぼう。酢を加えて炒めておけば、歯ざわりのいいさわやかなサラダに。

材料(作りやすい分量)
ごぼう	200g(大1本)
サラダ油	大さじ1
酢	大さじ1

基本

シャキシャキして美味

ごぼうの酢炒め

「少し早いかな?」くらいのタイミングで火を止めて、歯ざわりを残して。
酢を加えておくと、ごぼうのクセが押さえられます。

冷蔵庫で **4日間** 保存可能

作り方

1 切る
ごぼうはよく洗い、斜め薄切りにしてからせん切りにする(ピーラーで削ってもOK)。

2 炒める
フライパンにサラダ油を中火で熱し、ごぼうを手早く炒める。少ししんなりしたら酢を回し入れる。全体をよく混ぜ、火を止める。

専用のピーラーを使っても
せん切り(細切り)専用のピーラーも市販されている。スライサーよりさらに手軽。

アレンジ

やっぱりはずせない、甘辛きんぴら味
ごぼうのサラダきんぴら

冷蔵庫で**2日間**保存可能

煮詰めたたれを、ジュッとかけるだけ。
きんぴらよりあっさりいただけます。

材料(2人分)
- ごぼうの酢炒め ひとつかみ(100g)
- きんぴらのたれ
  - しょうゆ…大さじ1
  - 酒…大さじ1
  - 砂糖…大さじ½
  - みりん…大さじ½
  - 赤唐辛子の小口切り…1本分

作り方

1. 小さめのフライパンか小鍋にきんぴらのたれを入れ、中火にかける。少しとろみがつくまで煮詰める。

2. 器にごぼうの酢炒めを盛り、きんぴらのたれをかける。

アレンジ

みそとごぼうが抜群の相性
ごぼうのみそマヨサラダ

冷蔵庫で**2日間**保存可能

ごぼうのクセがみそでやわらぎ、
子どもも喜ぶ味に。

材料(2人分)
- ごぼうの酢炒め ひとつかみ(100g)
- きゅうり 1本
- みそマヨネーズ
  - マヨネーズ…大さじ2
  - オリーブオイル…大さじ1
  - みそ…小さじ1

作り方

1. きゅうりは斜め薄切りにしてからせん切りにする。

2. 器にマヨネーズとみそを入れてよく混ぜ、なめらかになったらオリーブオイルで溶きのばす。

3. ボウルにごぼうときゅうりを入れ、**2**のみそマヨネーズを入れて混ぜる。

小松菜で

1年中流通している小松菜は、さまざまな食べ方を覚えたい野菜のひとつ。生食はできませんが、蒸し煮にしてサラダ感覚でどうぞ。

材料（作りやすい分量）
小松菜	350〜400g
サラダ油	大さじ1
水	大さじ2

基本

炒め蒸しなら水が出ずシャキッ

小松菜の炒め蒸し

小松菜はカルシウムや鉄分が多く、栄養価がすぐれた野菜。蒸し煮なら栄養の流出も防げます。

冷蔵庫で4日間保存可能

作り方

1 切る
小松菜は根元を切り、2〜3cm長さのざく切りにする。

2 炒めて蒸す
フライパンにサラダ油を中火で熱し、小松菜を少し炒めたら、水を入れてふたをする。弱火でときどき混ぜながら、2分ほど蒸し煮にする。

3 さます
ざるに上げ、そのままさます。

材料(2人分)
小松菜の炒め蒸し	2カップ
卵	1個
マヨネーズ	大さじ⅔
サラダ油	大さじ½

トマトソース
- トマトケチャップ…大さじ1½
- ごま油…小さじ1
- 白すりごま…大さじ½

作り方

1. ボウルに卵を割りほぐし、マヨネーズを入れて混ぜる。器にトマトソースの材料を混ぜ合わせる。

2. フライパンにサラダ油を中火で熱し、一気に卵液を流し入れる。半熟状になったら、小松菜を入れて火を止め、手早く混ぜる。

3. 器に盛り、トマトソースをかけていただく。

その日のうちに食べきる

アレンジ

ソテーよりヘルシー
小松菜とふんわり卵のサラダ

スクランブルエッグを作ったフライパンに小松菜を投入。
野菜を入れたらすぐに火を止めます。

Part 2

具だくさんの
作りおきサラダ

アレンジ自在！

色とりどりの具がたくさん入ったサラダは、
食べるのも楽しく、栄養バランスも優秀です。
でも、いくつもの具をそろえたり、切るのは大変！
せっかく手間をかけるなら、一度にまとまった
量を作って、アレンジして楽しみましょう。
毎日飽きないアレンジアイディアつきです。

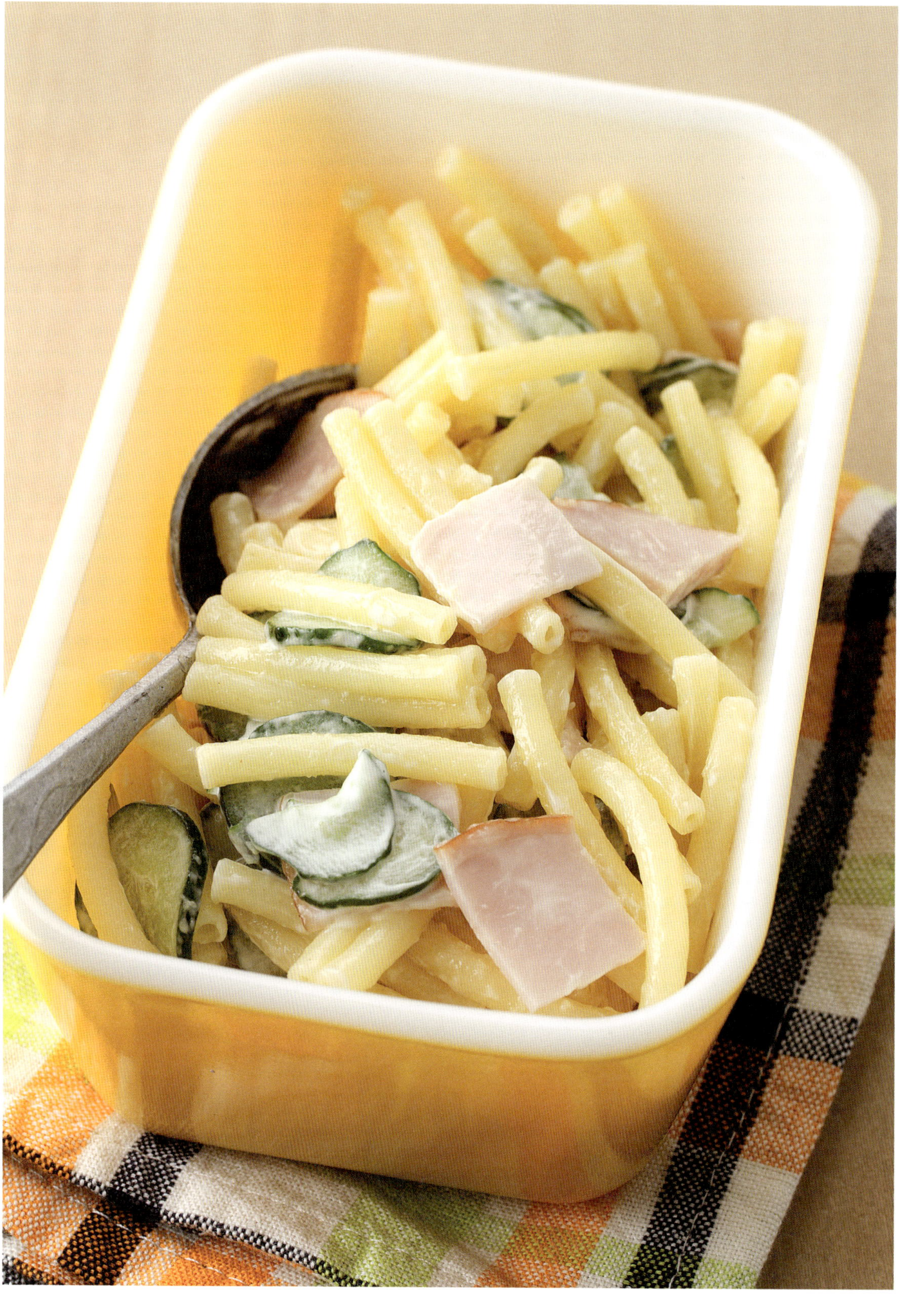

オーソドックスなおいしさ

マカロニサラダ

どこかほっとする、オーソドックスなおいしさ。
きゅうりは塩水につけると、シャッキリとした歯ごたえに。

冷蔵庫で **2日間** 保存可能

材料(4人分)

マカロニ	100g
ハム	4枚
きゅうり	1½本
塩	少々
マヨネーズ	大さじ3

作り方

1 きゅうりはへたを落として薄い小口切りにする。ボウルに水1カップと塩少々（分量外）を入れて溶かし、きゅうりを入れて5分ほどおき、しんなりしたら水けを絞る。

2 ハムは1.5cm角に切る。

3 マカロニは塩少々を入れた湯で袋の表示時間通りにゆで、ざるに上げてよく湯をきる。

4 ボウルにすべての材料を入れてマヨネーズであえる。

こんな食べ方も

カレー風味にして
マカロニサラダ80gにつき、カレー粉小さじ⅓を入れて混ぜて。

ロールパンにはさんで
ロールパンにはさんで。食パンにのせ、溶けるチーズをのせて焼いてもおいしい。 

Column

サラダのマカロニは時間通りゆでて

「アルデンテ」（芯が残るくらいのゆで具合）がおいしいといわれるパスタですが、冷やすと食感が硬く締まります。芯が残っていると口あたりが悪くなるので、サラダに使うマカロニは時間通りゆでましょう。1分ほど長めにゆでても。

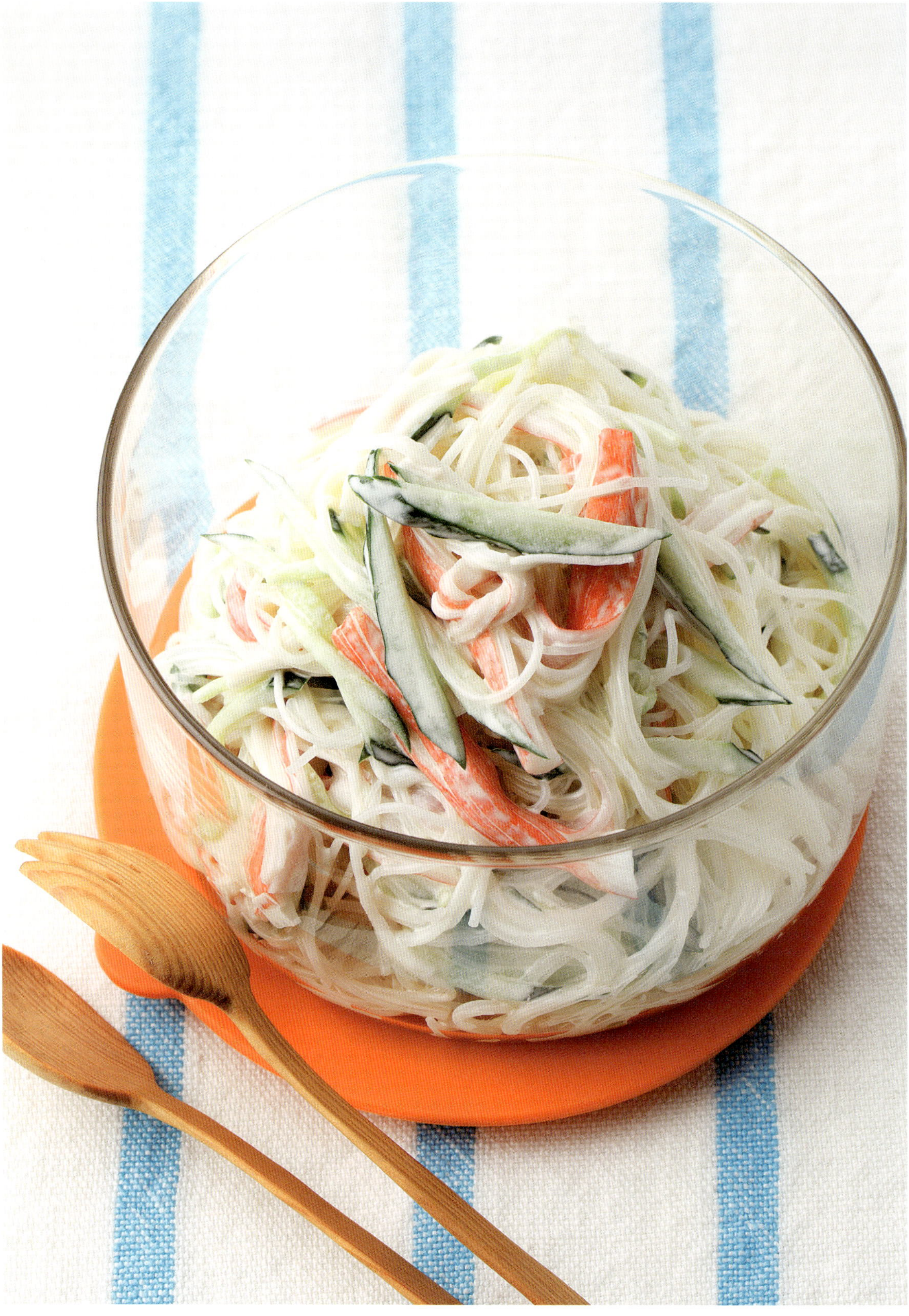

辛子を加えてキリッとした味に
春雨、かにかま、きゅうりのピリ辛マヨサラダ

春雨をあえるマヨネーズは、酢を入れるとさっぱりして
カロリーも抑えられます。

冷蔵庫で2日間保存可能

材料(4人分)
春雨	60g
かにかまぼこ	10本
きゅうり	1本
辛子マヨネーズ	
マヨネーズ…大さじ3	
辛子…小さじ1/3〜1/2	
酢…小さじ1	
塩…少々	

作り方

1 春雨は熱湯に5分つけてもどす。水でさっとゆすいでからざるに上げ、キッチンペーパーで軽く水けを拭く。長ければ食べやすい大きさに切る(キッチンばさみで切ってもOK)。

2 かにかまは長さを半分に切ってから食べやすく裂く。きゅうりは太めのせん切りにする。

3 ボウルに辛子マヨネーズの材料を入れて混ぜ、春雨、かにかま、きゅうりとあえる。

こんな食べ方も

わかめをプラス
乾燥わかめを水でもどし、水けをよくきって加えて。

りんごをプラス
いちょう切りにしたりんごを加えて。 

Column

水きりはしっかりと

春雨は水分がたくさん残っていると、ドレッシングがなじみにくくなります。水分が多いと時間がたってから味が落ちやすいので、水きりはしっかりと。キッチンペーパーで余分な水分を吸い取ります。

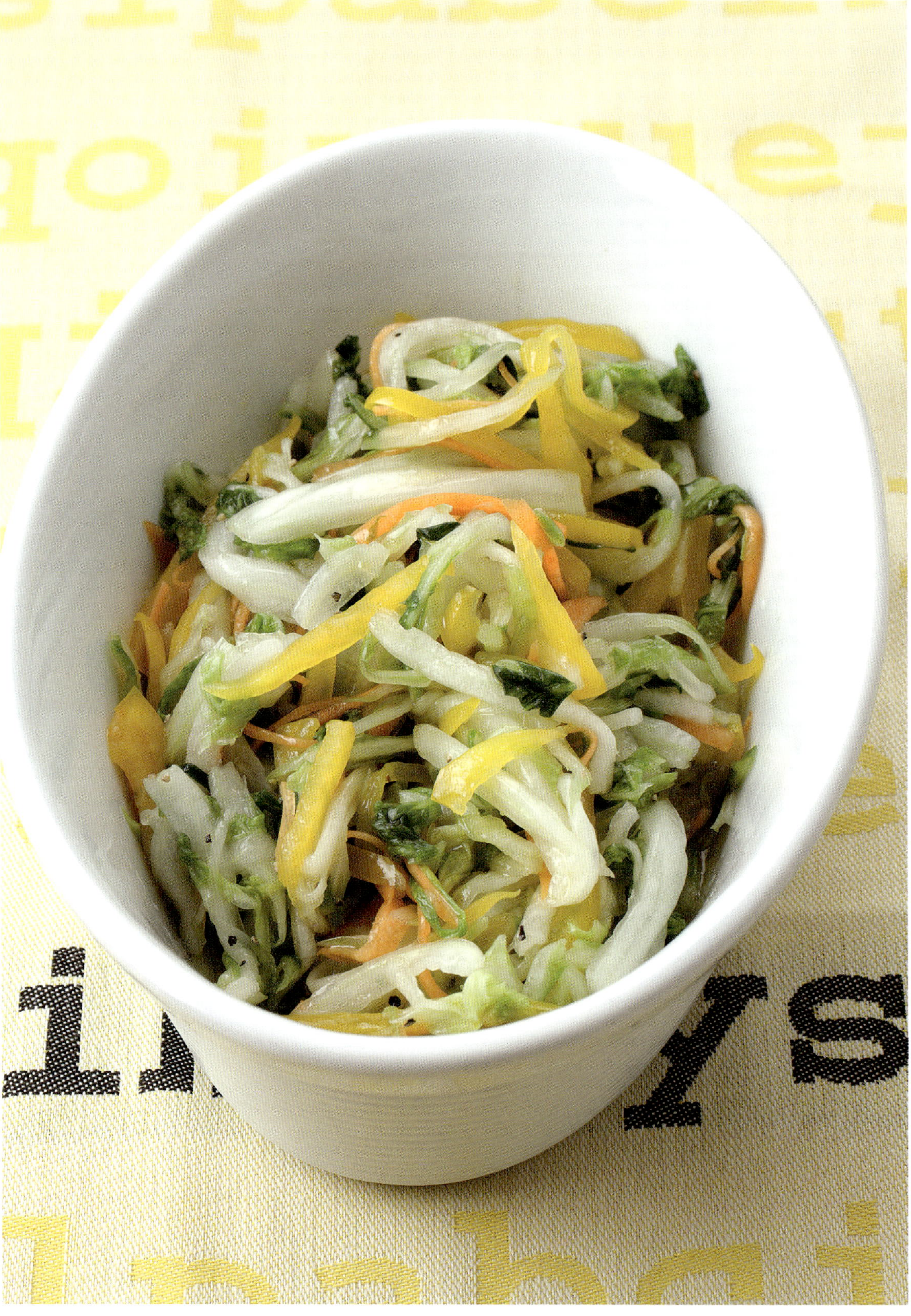

水分たっぷりの白菜でさわやかに

いろいろコールスロー

コールスローといえばキャベツが定番ですが、白菜で作るとみずみずしさいっぱい。いくらでも食べられます。

冷蔵庫で**2日間**保存可能

材料(4人分)
白菜	大2枚
にんじん	1/3本
セロリ	1/2本
黄パプリカ	1個
塩	小さじ1

ドレッシング
- 酢…大さじ2
- オリーブオイル…大さじ2
- 砂糖…小さじ1/3
- 塩…小さじ1/3
- 粗びき黒こしょう…適宜

作り方

1. 白菜は6〜7cm長さに切ってからせん切りにする。にんじんは斜め薄切りにしてからせん切りにする。セロリは斜め薄切りにする。黄パプリカは種とへたを取って斜め薄切りにする。

2. ボウルに野菜を入れて塩をふる。5分ほどおき、もんでから水けを絞る。

3. 別のボウルにドレッシングの材料を混ぜ合わせ、**2**の野菜を加えて混ぜる。

こんな食べ方も

ツナとコーンをプラス
缶汁をきったツナとコーンを加えて。

お好み焼き風に
小麦粉1/4カップと卵1個を混ぜ、汁けをきったコールスロー適宜を加えて焼く。ケチャップをつけて。 

Column

素材memo
カラーパプリカ

カラーパプリカは、ナス科の野菜で、唐辛子の一種。ピーマンも色づくと赤くなりますが、現在「パプリカ」として多く流通しているものはピーマンとは別種で、果肉が肉厚で、甘みが強いのが特徴です。

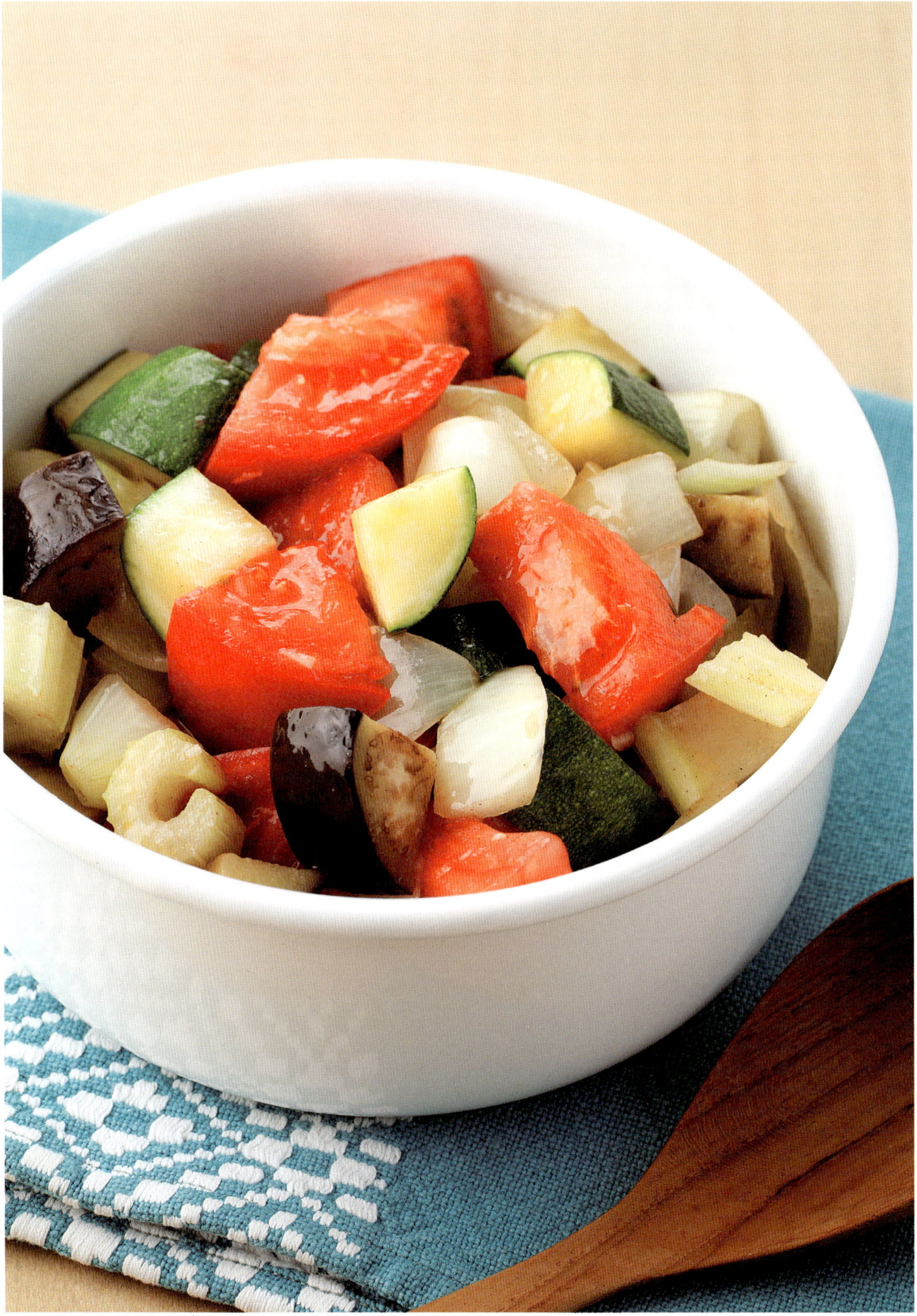

野菜のうまみがいっぱい
ラタトゥイユ風サラダ

トマトは煮ないで仕上げに加え、フレッシュ感を残します。野菜のうまみがいっぱい。

冷蔵庫で**3日間**保存可能

材料（作りやすい分量）

トマト	2個
玉ねぎ	中1個
なす	2本
セロリ	1本
ズッキーニ	1本
にんにくのみじん切り	1片分
オリーブオイル	大さじ2
コンソメ（顆粒）	小さじ½
酒	大さじ2
塩	小さじ½
砂糖	小さじ½
トマトケチャップ	大さじ2

作り方

1. トマトはへたを取り、大きめのざく切りにする。玉ねぎは1.5cm角に切り、セロリは筋を取り除いて1cm幅に切る。なすは1.5cm厚さに切ってからいちょう切りにする。ズッキーニも同様に切る。

2. フライパンにオリーブオイルを中火で熱し、にんにくを入れて炒める。香りが出てきたら、玉ねぎを加えて炒める。セロリ、なす、ズッキーニも炒め合わせ、調味料を順に加えて混ぜ、ふたをする。

3. 2分ほどしたらふたを取り、水けをとばすように炒めたら、トマトを入れて大きく混ぜ合わせて、なじんだらすぐに火を止める。

こんな食べ方も

パスタソースとして
袋の表示時間通りにゆでたパスタを冷水で洗い、よく水をきってラタトゥイユ風サラダをかける。

ミックスビーンズをプラス
水けをきったミックスビーンズを加えて。 

Column

ラタトゥイユとは

ラタトゥイユはフランス、プロバンス地方の料理。なす、ズッキーニ、玉ねぎなどの夏野菜を順に炒め、トマトを加えて煮たものです。うまみ出しにベーコンを加えることも。

ひじきと根菜の和風サラダ

食物繊維たっぷり

ひじきはサラダ仕立てにすると、煮ものよりたっぷり食べられます。
根菜を合わせ、食物繊維チャージメニューに。

冷蔵庫で **2日間** 保存可能

材料(4人分)

芽ひじき(乾燥)	50g
れんこん	100g
ごぼう	½本
にんじん	½本
ゆずこしょうドレッシング	
めんつゆ(2倍濃縮)	…大さじ3
ごま油	…大さじ1
ゆずこしょう	…小さじ½
砂糖	…少々
白いりごま	…少々

作り方

1. ひじきは水洗いをしてから、大きめのボウルに入れて、たっぷりの水につけて15分おき、柔らかくもどす。爪でちぎれるくらい柔らかくなったら水を替え、ふんわりとラップをして電子レンジで1分加熱する。粗熱が取れたらざるに上げて水けをきる。

2. れんこんは皮をむき、4〜5mmのいちょう切りにする。ごぼうは斜め薄切りにして、れんこんと一緒に酢水にさらす。にんじんは縦半分に切り、ピーラーで食べやすく削る。ボウルにドレッシングの材料を混ぜ合わせる。

3. 鍋にたっぷりの湯を沸かし、野菜をゆでる。

4. 2分ほどしたらざるに上げて水けをきり、熱いうちに1とともに2のボウルに入れて混ぜる。

こんな食べ方も
ゆでたそうめんやそばにのせて、冷たい麺料理に。ちぎりレタスをあえても。

コリコリとした食感が絶妙

切干大根のサラダ

切干大根のサラダは、煮たときよりしっかりとした歯ごたえ。コリコリとして止まらないおいしさです。

冷蔵庫で**3日間**保存可能

材料(4人分)

切干大根(乾燥)	30g
ベーコン	3枚
かいわれ菜	1パック
オリーブオイル	大さじ½
ごまマヨネーズ	
酢	大さじ2
砂糖	小さじ2
しょうゆ	大さじ½
マヨネーズ	大さじ1½
ごま油	大さじ½
白すりごま	小さじ2

作り方

1. 切干大根は水でさっと洗い、ぬるま湯に20分つけてもどす。芯がなくなったら流水でしっかりもみ洗いしてよく絞る。

2. 鍋にたっぷりの湯を沸かし、切干大根を入れて2分ほどゆでる。ざるに上げて水けをきり、さめたらよく水けを絞る。

3. ベーコンは1cm幅に切る。かいわれは根元を切り落とす。ボウルにごまマヨネーズの材料を入れ、混ぜ合わせる。

4. フライパンにオリーブオイルを中火で熱し、ベーコン、切干大根を炒める。全体に油がなじんだら、ごまマヨネーズのボウルに入れて混ぜ、かいわれ菜を加えて混ぜる。

こんな食べ方も

セロリを加えてさわやかに。ゆでたせん切りにんじんと合わせても。

なすと甘塩鮭の南蛮酢サラダ

つゆがしみたなすが絶品

なすは油と相性のいい野菜。揚げるのは気が重くても、多めの油で炒めるように加熱すると手軽です。

冷蔵庫で**3日間**保存可能

材料(4人分)

なす	3本
甘塩鮭	4切れ
紫玉ねぎ	½個
サラダ油	大さじ1

漬け汁
- だし汁…⅓カップ
- 酢…大さじ3
- しょうゆ…大さじ1
- みりん…大さじ2(レンジで20秒加熱する)
- 砂糖…小さじ2
- 赤唐辛子の小口切り…1本分

作り方

1. なすはへたを落として長めの乱切りにする。紫玉ねぎは縦に薄切りにし、塩少々(分量外)をふって混ぜる。しばらくしたら水で洗い、水けを絞る。漬け汁の材料をバットに入れ、混ぜ合わせる。

2. フライパンにサラダ油を入れて中火にかける。なすを加え、ときどき返しながら炒め揚げにする。油をきり熱いうちに漬け汁に漬ける。

3. 鮭はグリルで両面を色よく焼く。焼けたら4等分に切り、漬け汁に漬ける。紫玉ねぎを散らす。

こんな食べ方も

トマトを加えてもおいしい。漬け汁のおいしさは格別。豆腐と合わせてごちそうやっこに。

野菜の香ばしさが食欲をそそる

グリル野菜の焼き浸しサラダ

グリルで焼いた野菜は香ばしさ満点。
油は少なめでも、風味やコクがあります。

冷蔵庫で **3**日間 保存可能

材料(4人分)

赤パプリカ	½個
黄パプリカ	½個
ズッキーニ	½本
生しいたけ	2個
長ねぎ	½本

漬け汁
- 水…½カップ
- しょうゆ…大さじ1
- みりん…大さじ1(レンジで20秒加熱する)
- ごま油…少々
- コンソメ(顆粒)…小さじ⅓

作り方

1. バットに漬け汁の材料を入れて混ぜ合わせる。パプリカは種とわたを取り、1cm幅に切る。ズッキーニはへたを落として長さを半分に切り、1cm幅に切る。しいたけは軸を切り落とす。長ねぎは長ければ長さを2つに切る。

2. すべての野菜をグリルにのせる。片面焼きグリルの場合、2分予熱してから野菜を入れ、3分焼き、上下を返して3〜4分焼く。両面焼きグリルの場合、4分焼く。

3. 焼けたものから取り出し、長ねぎは食べやすい長さに切って漬け汁の入ったバットに入れて15分ほどなじませる。

こんな食べ方も

ごま油をオリーブオイルに代えると、洋風の味わいがアップ。

冬野菜の蒸しサラダ

温かいうちにどうぞ

甘みを増した冬の野菜を蒸し、温かいうちにいただくホットサラダです。マスタードをきかせたドレッシングでどうぞ。

その日のうちに食べきる

材料(4人分)

ほうれん草	1束
にんじん	½本
カリフラワー	小½株

ドレッシング

酢	大さじ1
砂糖	小さじ1
塩、こしょう	各少々
オリーブオイル	大さじ1
フレンチマスタード	大さじ1

作り方

1. ほうれん草は根元を切り、3cm幅のざく切りにする。にんじんは1cm幅の輪切りにする。カリフラワーは小房に分ける。器にドレッシングの材料を入れ、混ぜ合わせる。

2. フライパンにカリフラワーとにんじんを並べ、水大さじ3を回しかけてふたをする。弱めの中火で3分ほど、ときどき混ぜながら蒸し煮にする。

3. ほうれん草の茎を加え、少ししたら葉の方も入れて水大さじ2を加え、再びふたをする。1分ほど蒸し煮にし、器に盛ってドレッシングをかけていただく。

こんな食べ方も

ドレッシングを違う種類のものに変えても(p.122～123参照)。

ポン酢味がさわやか
ハムときゅうりとピーナッツのそばサラダ

ポン酢とごま油のドレッシングでさわやかに
適度な酸味とまろやかなコクでさっぱりといただけます。

冷蔵庫で
2日間
保存可能

材料(4人分)

そば(乾麺)	2束
ハム	4枚
きゅうり	1本
ピーナッツ	30g
ポン酢ドレッシング	
ポン酢…⅓カップ	
ごま油…大さじ½	
砂糖…小さじ1	

作り方

1 ハムは半分に切って1cm幅に切る。きゅうりは斜め薄切りにしてからせん切りにする。ピーナッツは粗く刻む。ボウルにドレッシングの材料を入れ、混ぜ合わせる。

2 そばは手で半分に折る。たっぷりの湯を沸かし、袋の表示時間通りゆでる。

3 ざるに上げ、流水でよく洗ってから水けをしっかりきる。

4 ドレッシングのボウルにハム、きゅうり、ピーナッツを入れて混ぜたら、そばも加えてよくあえる。

こんな食べ方も

たっぷりとのりをのせて。ハムをツナに代えても。かいわれ菜もよく合う。

オリーブオイルで洋風に
桜えびとごまの洋風ライスサラダ

お寿司のようですが、オリーブオイルの入ったドレッシングであえます。パラリとして軽やかな味わい。

その日のうちに食べきる

材料(4人分)
温かいご飯	茶碗4杯分
桜えび(乾燥)	20g
プチトマト	10～12個
コーン(缶詰)	大さじ4
あれば水菜	適宜
白いりごま	大さじ2
ドレッシング	
酢…大さじ3	
オリーブオイル…大さじ2	
砂糖…小さじ1	
塩…小さじ½	

作り方

1 プチトマトはへたを取って4等分にする。器にドレッシングの材料を入れて混ぜ合わせる。

2 大きめのボウルにご飯を入れてドレッシングを回しかけ、酢飯と同じ要領で混ぜる。

3 粗熱が取れたら、トマト、コーン、桜えびを混ぜる。いりごまをふる。

4 器に盛り付け、水菜(あれば)を添える。

こんな食べ方も

水菜に塩もみきゅうりを加えたり、コーンといり卵にしても。

ここでおさらい
サラダをおいしくする秘訣

おいしいサラダを作るために、大切なポイントをもう一度おさらいしてみましょう。シンプルなだけに、ちょっとしたひと手間でランクアップした味に。

水きりはしっかりと。
水分の多いものは、ペーパーで水けをオフ

ゆでたもの、生、塩もみしたもの、タイプは違ってもそれぞれ水きりをしっかりと。水けが残っていると食感や色が悪くなり、ドレッシングのなじみも悪くなります。生野菜はサラダスピナー（水きり器）を使うのもおすすめ。春雨、水でもどしたわかめなどはキッチンペーパーで水けを軽く吸い取らせるとおいしさアップ。

じゃがいもやかぼちゃの
下ごしらえは熱いうちに

じゃがいもやかぼちゃは熱いうちにつぶしましょう。さめてからだと作業しづらく、なめらかにつぶしにくくなります。マヨネーズやヨーグルトなどのソースはさめてから加えますが、塩や酢など、「下味」は熱いうちのほうがよくなじみます。

レタスやミックスリーフなど、
生の葉のおいしさを楽しむときは
ドレッシングは直前に

ドレッシングには塩分が入っているため、野菜にかけると浸透圧の関係で、葉の内部から水分が流れ出てしまいます。そのため水っぽく、食感が悪くなることがあります。葉もの野菜のサラダ、特にレタスやミックスリーフなど、水分が多くて繊細な野菜にドレッシングをかけるのは、食べる直前にして。

Part **3**

> この1皿で
> **主菜にも**

肉や魚が主役のサラダ

サラダというと野菜が主体のイメージですが、
肉や魚を組み合わせると、
メインになるボリュームたっぷりおかずに変身！
野菜もたっぷりとれて、満足度の高い1皿になります。
卵や豆腐、ソーセージなどの
肉の加工品を使ったサラダもどうぞ。

鶏胸肉で

脂肪分が少ない鶏胸肉は、再加熱しなくてもおいしいので、作りおきサラダにぴったり。淡泊なので、いろいろな味に合います。

材料（4人分）

鶏胸肉	2枚
長ねぎ	1本
ザーサイ（びん詰め）	20g
片栗粉	適量
マリネ液	
酢…大さじ5	
ごま油…大さじ1	
砂糖…大さじ2/3	
しょうゆ…大さじ2/3	

粉をまぶして口あたりよく
鶏胸肉のねぎたっぷり中華マリネ

ねぎとザーサイのうまみいっぱいの汁が
しっとりしみておいしい。

冷蔵庫で **2日間** 保存可能

作り方

1. 長ねぎは縦半分に切って斜め切りにし、ふんわりとラップをかけて電子レンジ（600W）で1分30秒加熱する。

2. ザーサイは粗みじんに切る。バットにザーサイとマリネ液の材料を混ぜ合わせる。1のねぎを取り出し、熱いうちにバットに入れる。

3. 鶏肉は薄いそぎ切りにし、片栗粉を薄くまぶす。鍋に湯を沸かし、鶏肉を入れて4分ほどゆでる。

4. キッチンペーパーを敷いたざるに取り出し、熱いうちに2のバットに漬ける。

冷蔵庫で
2日間
保存可能

暑い日でも食がすすむ！
つるりん胸肉の梅味サラダ

つるっとした鶏の食感と、梅の風味で食欲増進。
オクラとかいわれでさっぱりと。

材料(4人分)

鶏胸肉	1枚
片栗粉	適宜
オクラ	6本
かいわれ菜	1パック

梅ドレッシング

梅干し	大2個
みりん	大さじ2(レンジで20秒加熱する)
しょうゆ	大さじ½
オリーブオイル	大さじ1½

作り方

1. オクラは袋ごと、塩適宜(分量外)をふって手でこすり合わせて洗い、へたを落とし、斜め切りにする。かいわれは根元を切る。

2. 梅干しは種を取って包丁でたたく。器にドレッシングを混ぜ合わせる。

3. 鶏肉は一口大のそぎ切りにし、片栗粉を薄くまぶす。鍋に湯を沸かし、鶏肉を2分ほどゆでる。キッチンペーパーを敷いたざるに取り、水けをきる。野菜とともに器に盛り、ドレッシングをかける。

Column
鶏胸肉は疲労回復にも

鶏胸肉は「カルノシン」「アンセリン」という物質が豊富に含まれています。この2つは瞬発力と持久力の元。梅干しのクエン酸も疲労回復効果の高い食材なので、夏バテなど、疲れたときにおすすめのサラダです。

鶏ささみで

柔らかくて脂肪が少ないささみは、酒蒸ししておくと活用度大。カリッと焼いて油のコクを補うと、一味違ったおいしさに。

ナンプラーで味にメリハリを
ささみと水菜のスパイシー揚げ焼きサラダ

カリッと焼けたささみに、ナンプラーがしみて美味。水菜もたっぷり食べられます。

その日のうちに食べきる

材料（2人分）
鶏ささみ	5本
小麦粉	適宜
塩、粗びき黒こしょう	各適宜
サラダ油	適宜
水菜	1/2束
ナンプラーソース	
酢…大さじ2	
ナンプラー…小さじ2	
砂糖…小さじ1	
しょうゆ…小さじ1	

作り方

1. ささみは長さを半分に切ってから細切りにする。塩、粗びき黒こしょうを強めにふり、小麦粉を薄くまぶす。

2. 水菜は根元を切り落とし、3〜4cm長さのざく切りにする。器にナンプラーソースを混ぜ合わせる。

3. フライパンの底全体に行き渡る程度のサラダ油を入れ、中火で熱する。ささみを入れてこんがり色づくまで炒め揚げにし、バットに上げて油をよくきる。

4. ボウルにささみと水菜を入れてざっと混ぜて器に盛り、ナンプラーソースをかける。

材料(2人分)

鶏ささみ	2本
プロセスチーズ	50g
プチトマト	8個
酒	大さじ1
塩	少々
レタス	適宜

黒ごまマヨネーズ

黒すりごま	大さじ1
マヨネーズ	大さじ2
レモンの絞り汁	大さじ1½
砂糖	小さじ1

作り方

1. ささみは筋を取り除き、耐熱性の器に入れて、酒と塩をふり、ふんわりとラップをして電子レンジで3分加熱する。粗熱が取れたら食べやすく裂く。

2. プロセスチーズは7〜8mm角に切る。プチトマトはへたを取って半分に切る。

3. ボウルにごまマヨネーズを混ぜ合わせる。ささみとチーズ、トマトを加えてあえ、レタスを敷いた器に盛る。

冷蔵庫で**2日間**保存可能

チーズとごまのコクが◎

ほぐしささみとチーズ、トマトのごまマヨあえ

レンジで酒蒸しにしたささみを、すりごま入りのマヨネーズであえて。コクがあってしっとり。

豚薄切り肉で

サラダに使う豚薄切り肉は、「しゃぶしゃぶ用」がおすすめ。さめても食べやすく、味がよくからみます。また、こま切れ肉も使いやすい素材。

材料(4人分)
- 豚しゃぶしゃぶ用肉　300g
- キャベツ　大3枚
- 和風だれ
  - 酢…大さじ3
  - めんつゆ(2倍濃縮)…大さじ1
  - ごま油…大さじ1
  - 砂糖…小さじ1/3
  - かつお節…1袋(4〜5g)

かつお節でうまみをプラス
豚しゃぶとキャベツのおかかサラダ

定番ともいえる「豚とキャベツの冷しゃぶ」は、かつお節を加えると、ぐっとご飯に合わせやすい味に。

冷蔵庫で2日間保存可能

作り方

1. キャベツは芯を取り除き、一口大のざく切りにする。耐熱性のボウルに入れ、電子レンジで1分30秒加熱し、粗熱が取れたら水けを絞る。ボウルに和風だれを混ぜ合わせる。

2. 鍋に湯を沸かし、豚肉を入れてさっとゆで、ざるに上げて水けをよくきる。

3. 豚肉がさめたら別のボウルに入れ、キャベツを加えて混ぜる。器に盛り、和風だれをかける。

Column
豚肉は水にさらさずさます

冷しゃぶの肉は自然にさまして。水にさらすと味が薄くなり、冷蔵庫で冷やしすぎると脂が浮いて食感が悪くなります。

材料(2人分)

豚しゃぶしゃぶ用肉	150〜200g
にんじん	1/3本
セロリ	1/2本
黄パプリカ	1/2個
パン粉	1/4カップ
オリーブオイル	大さじ1
塩、こしょう	各少々
ドレッシング	
酢…大さじ2	
オリーブオイル…大さじ1 1/2	
砂糖…小さじ1	
塩、こしょう…各少々	
好みでレモンのくし形切り 適宜	

作り方

1. フライパンにオリーブオイルを熱し、パン粉をカリカリになるまで炒め、塩、こしょうをふる。器にドレッシングを混ぜ合わせる。

2. にんじんは斜め薄切りにしてからせん切りにする。セロリは斜め薄切りにする。パプリカは種とわたを取り、せん切りにする。

3. 鍋に湯を沸かし、豚肉を入れてさっとゆで、ざるに上げて水けをよくきる。

4. 器に豚肉と野菜を盛り、1のパン粉とドレッシングをかけ、レモンを添える。

その日のうちに食べきる

パン粉が香ばしくごちそう度アップ

豚しゃぶとせん切り野菜のカリカリサラダ

香ばしく炒めたパン粉をたっぷりトッピング。
野菜の香りや甘みが引き立ちます。

材料(4人分)

豚こま切れ肉	200g
ゴーヤー	1本
豆腐(木綿)	1丁
鶏ガラスープの素(顆粒)	
小さじ½(大さじ1の水で溶く)	
サラダ油	大さじ½

ごま油ドレッシング

ごま油	大さじ1
サラダ油	大さじ1
塩	小さじ½
粗びき黒こしょう	小さじ½

作り方

1. 豚肉は食べやすい大きさに切る。ゴーヤーは縦半分に切り、スプーンで種とわたを取り、7〜8mm幅に切る。

2. 豆腐はキッチンペーパーで包んで水けをきる。器にドレッシングを混ぜ合わせる。

3. フライパンにサラダ油を中火で熱し、豚肉を炒める。肉の色が変わったら、ゴーヤーを加える。鶏ガラスープを回し入れ、ふたをして2分ほど蒸し焼きにする。豆腐を手でちぎりながら加え、すぐに火を止めて混ぜる。

4. 器に盛り、ドレッシングをかける。

冷蔵庫で**2日間**保存可能

炒め時間は短めに

豚肉とゴーヤーのチャンプルー風サラダ

ゴーヤーと豆腐は肉と時間差をつけて投入します。
食べごたえがあって満足度の高い組み合わせ。

豚かたまり肉で

豚かたまり肉＝煮豚というイメージもありますが、味つけせずにゆでておくと、サラダ仕立てにしてさっぱりといただけます。

冷蔵庫で **2日間** 保存可能

ボリュームいっぱい！
ゆで豚とトマトのひじきドレッシングあえ

ひじきがドレッシングを吸って、ドレッシングだけをかけるより肉となじみやすくなります。

材料(4人分)
豚かたまり肉	300g
プチトマト	3〜4個
芽ひじき(乾燥)	5g
サニーレタス	2〜3枚
ドレッシング	
酢…大さじ1½	
サラダ油…大さじ1	
砂糖…小さじ½	
しょうゆ…大さじ½	
しょうが汁…少々	

作り方

1 豚肉を鍋に入れ、かぶるくらいの水を注ぐ。酒少々（分量外）を入れて火にかけ、沸騰したら弱火にする。あくを取りながら30〜40分ゆでる（豚肉が水面から出ないよう、水をたしながらゆでる）。竹串を刺してみて、透き通った液が出たら火を止め、そのままさます。

2 ひじきは水洗いをしてから大きめのボウルに入れて、たっぷりの水につけて柔らかくもどす。水を替え、ふんわりとラップをして電子レンジで1分加熱する。

3 2をざるに上げて水けをきり、キッチンペーパーで軽く水けを拭く。ボウルにドレッシングの材料とひじきを入れ、混ぜ合わせる。

4 プチトマトはへたを取って半分に切る。豚肉を食べやすい大きさに切ってトマト、サニーレタスとともに器に盛り、ドレッシングをかける。

牛肉で

牛肉の中では経済的な切り落とし肉。食べやすく、たっぷり使え、サラダ向きです。スパイスや辛みで味にアクセントをつけて。

ご飯のおかずにもおつまみにも

牛肉と大根の韓国風サラダ

大根はスライサーで調理すると、スピーディで味もまんべんなくつきます。

冷蔵庫で2日間保存可能

材料(4人分)
- 牛切り落とし肉　200g
- 大根　200g
- サラダ油　大さじ1
- コチュジャンドレッシング
  - しょうゆ…大さじ1
  - 酢…大さじ1
  - コチュジャン…小さじ1½
  - 砂糖…小さじ1½
  - 白すりごま…大さじ½
  - ごま油…大さじ1
  - 塩…少々
- 長ねぎのみじん切り　大さじ1
- 白すりごま　適宜

作り方

1. 牛肉は食べやすい大きさに切る。大根は4等分し、スライサーで薄切りにする。

2. ボウルにコチュジャンドレッシングを混ぜ合わせる。

3. フライパンにサラダ油を入れて中火にかける。牛肉を炒め、色が変わったらコチュジャンドレッシングを回し入れる。大根を入れてすぐに火を止め、混ぜ合わせる。器に盛り、長ねぎとすりごまをふる。

冷蔵庫で
2日間
保存可能

わさびが味の引き締め役
牛肉ときのこの和風サラダ

牛肉と相性のいいきのこをたっぷり合わせて。
わさびを加えると、味がぼやけません。

材料(4人分)
牛切り落とし肉	300g
エリンギ	大1本
しめじ	1パック
わさびドレッシング	
わさび(チューブ)	3cm分
酢	大さじ2½
サラダ油	大さじ2
しょうゆ	大さじ½
砂糖	小さじ½
三つ葉のざく切り	適宜

作り方

1 牛肉は食べやすい大きさに切る。エリンギは縦半分に切り、斜め薄切りにする。しめじは小房に分ける。

2 鍋に湯を沸かし、牛肉を入れてさっとゆで、ざるに上げて水けをよくきる。

3 エリンギとしめじは耐熱性のボウルに入れ、ふんわりとラップをして電子レンジで2分加熱し、水けをよくきる。

4 ボウルにわさびドレッシングを混ぜ合わせる。牛肉ときのこを加えてあえ、三つ葉を散らす。

ひき肉で

人気のひき肉料理は、サラダ作りにも活躍！ しっかり焼きつけるとくさみが出ず、うまみが立ってきます。

みそ＆しょうゆのダブル使いで
マーボー風肉みそドレッシングサラダ

味つけはみそとしょうゆのダブル使いで。
奥深くて飽きない味に。

冷蔵庫で **2日間** 保存可能

材料(4人分)

豚ひき肉	200g
レタス	大4枚
トマト	1個
長ねぎのみじん切り	½本分
しょうがのみじん切り	1片分
にんにくのみじん切り	1片分
ごま油	大さじ1

合わせみそ
- みそ…大さじ2
- 砂糖…大さじ1½
- みりん…大さじ1
- しょうゆ…大さじ1
- 酒…大さじ1
- 豆板醤…小さじ1

酢	大さじ1

作り方

1. レタスは食べやすい大きさにちぎる。トマトはへたを取り、一口大の乱切りにする。器に合わせみそを混ぜ合わせる。

2. フライパンにごま油を中火で熱し、長ねぎとしょうが、にんにくを入れて炒める。ひき肉を加え、肉の色が変わったら合わせみそを入れて煮る。火を止め、酢を加えて混ぜる。

3. 野菜を器に盛り、肉みそをたっぷりのせる。

冷蔵庫で
2日間
保存可能

豆乳ドレッシングがまろやか
簡単肉だんごと白菜のサラダ

ひき肉はキュッと握って焼きつけるだけ。
つなぎを入れた肉だんごとは異なる、ワイルドなおいしさ。

材料(4人分)
合いびき肉	150g
白菜	大3枚
サラダ油	大さじ1

豆乳ドレッシング
- 豆乳…大さじ2
- マヨネーズ…大さじ2
- しょうゆ…少々
- 白すりごま…大さじ1

作り方

1 白菜は太めのせん切りにする。器に豆乳ドレッシングを混ぜ合わせる。

2 フライパンにサラダ油を中火で熱する。ひき肉を大さじ1杯分ずつ取り、しっかり握ってだんご状にまとめ、転がしながら焼きつける。ふたをして弱火で3〜4分蒸し焼きにする。

3 白菜と肉だんごを器に盛り、ドレッシングをかける。

肉加工品で

ポークランチョンミートやソーセージは、ストックしておけて便利！ 主菜にはしにくい素材ですが、サラダにするとゴージャス。

ポークとゴーヤーのボイルサラダ

ポークはゆでてあっさりと

ゴーヤーの苦みとポークランチョンミートのコクがよく合います。ヨーグルトであっさりと。

材料(4人分)
- ポークランチョンミート … ½缶(170g)
- ゴーヤー … 1本
- ヨーグルトマヨネーズ
  - マヨネーズ … 大さじ2
  - プレーンヨーグルト … 大さじ2

その日のうちに食べきる

作り方

1. ポークランチョンミートは1cm角に切る。ゴーヤーは縦半分に切り、スプーンで種とわたを取って薄切りにする。塩少々(分量外)をふってもみ、洗って水けを絞る。

2. 鍋にたっぷりの湯を沸かし、ポークをさっとゆで、ざるに上げて水けをきる。

3. 器にゴーヤーとポークを盛る。別の器にヨーグルトマヨネーズを混ぜ合わせ、かける。

Column
素材memo
ポークランチョンミート

ポークランチョンミートは、豚ひき肉に香辛料や調味料を混ぜ、型に入れて蒸したもの。脂肪分が多めなので、火を通したほうがおいしさが引き立ちます。カリッと香ばしく焼きつけて加えても。

スパイシーで男性にも◎
カレーソテーソーセージサラダ

カレー風味のソーセージは、「野菜がすすむ」味。
キャベツは短時間加熱で、フレッシュ感を楽しんで。

冷蔵庫で **2**日間 保存可能

材料(4人分)
ウインナーソーセージ	5本
キャベツ	大4枚
スプラウト	適宜
サラダ油	大さじ½
カレー粉	小さじ½
塩	小さじ½
ウスターソースドレッシング	
ウスターソース	大さじ½
オリーブオイル	大さじ½

作り方

1 ソーセージは3等分に斜め切りにする。スプラウトは根元を切り落とす。

2 キャベツは小さめのざく切りにして、耐熱性のボウルに入れる。ふんわりとラップをして電子レンジで1分加熱する。器にドレッシングを混ぜ合わせる。

3 フライパンにサラダ油を中火で熱し、ソーセージを入れて炒める。塩とカレー粉をふり、キャベツの入ったボウルに入れる。さっと混ぜて器に盛り、ドレッシングをかけてスプラウトを散らす。

魚で

「魚のサラダ」というと、ツナ缶や、刺身サラダを思い浮かべがち。焼き魚を使ったり、刺身はマリネにして目先を変えて。

レモンとナンプラー味で
塩さばのエスニックサラダ

これが塩さば？ と思う変身ぶり。
酸味でキュッと引き締まったさばがおいしい。

冷蔵庫で2日間保存可能

材料(4人分)
塩さばの切り身	大½尾
きゅうり	2本
ナンプラードレッシング	
サラダ油…大さじ1½	
ナンプラー…大さじ½	
砂糖…小さじ1½	
塩…小さじ⅓	
こしょう…少々	
レモンの絞り汁…1個分	
赤唐辛子の輪切り…1本分	
好みで香菜の葉	適宜

作り方

1 さばは魚焼きグリルに並べ、2分予熱して6分焼き、裏返して4分焼く。両面焼きグリルの場合、5～6分焼く。粗熱が取れたら1.5cm幅に切る。

2 きゅうりはピーラーで短かめに削る。

3 バットにナンプラードレッシングを混ぜ合わせ、さば、きゅうりを入れてなじませる。器に盛り、好みで香菜をのせる。

Column
素材memo
ナンプラー

ナンプラーはいわしなどの小魚を塩漬けにして発酵させたタイの調味料。ベトナムでは「ニョクマム」と呼ばれ、ほぼ同じ味わいです。独特の深いうまみがありますが、入手できなければ薄口しょうゆを使っても。

冷蔵庫で**2日間**保存可能

コチュジャンの甘辛い味がクセになる
白身魚と紫玉ねぎのコリアンマリネ

コチュジャンとにんにくがきいた、パンチのある味。
おつまみにもぴったり。

材料(4人分)
鯛の刺身(さく)	300g
紫玉ねぎ	½個
青じそ	2枚
マリネ液	
酢…大さじ1½	
ごま油…大さじ1	
コチュジャン…小さじ1	
砂糖…小さじ⅓	
にんにく(チューブ)…1cm分	
白いりごま	適宜

作り方

1 ボウルにマリネ液を混ぜ合わせる。青じそは粗く刻む。

2 紫玉ねぎは縦に薄切りにし、ボウルに入れる。塩少々(分量外)をふり、しばらくしたら水洗いして水けを絞る。

3 鯛はそぎ切りにし、1のボウルに入れて紫玉ねぎを加え、混ぜる。器に盛り、青じそとごまを散らす。

えびで

プリッとした食感はもちろん、色がきれいなえびは、サラダの人気素材のひとつ。ゆでるだけでなく、ときには調理法を変えてどうぞ。

材料(4人分)
キャベツ	大3枚
えび(ブラックタイガー)	中8尾
酒	大さじ1
塩	少々
サラダ油	大さじ1
マヨネーズソース	
マヨネーズ…大さじ3	
酒…大さじ2	
塩、こしょう…各少々	

キャベツがモリモリ食べられる

えびマヨとざく切りキャベツのサラダ

まろやかなマヨネーズソースをからめたえびを、たっぷりキャベツにのせて。

冷蔵庫で **2日間** 保存可能

作り方

1. キャベツは芯を除いて太めのせん切りにし、器に盛る。

2. えびは殻をむき、ボウルに入れて酒と塩をふり、もむ。器にマヨネーズソースを混ぜ合わせる。

3. フライパンにサラダ油を中火で熱し、えびを入れて2〜3分炒めたら、マヨネーズソースを回し入れる。さっとからめ、1のキャベツの上に盛る。

その日のうちに食べきる

フライはグリルで調理

小えびのフライ入りサラダ

小えびのフライは、揚げずにグリルで焼いて手軽に作ります。乾燥ハーブ入りドレッシングで。

材料(4人分)

むきえび	150g
塩、こしょう	各少々
小麦粉	¼カップ
溶き卵	1個分
パン粉	½カップ
サラダ油	大さじ2
サラダ菜	4〜5枚
ハーブドレッシング	
酢…大さじ3	
オリーブオイル…大さじ2	
塩…小さじ⅓	
砂糖…小さじ½	
こしょう…少々	
ハーブ(乾燥・スイートバジルなど)…小さじ2	

作り方

1 えびは塩、こしょうをふる。サラダ菜は1枚ずつはがす。器にドレッシングの材料を入れ、混ぜ合わせる。

2 パン粉をボウルに入れて、サラダ油を少しずつ回しかけて油が全体になじむまでよく混ぜる。

3 1のえびに小麦粉、溶き卵、2のパン粉をつけてアルミホイルに並べる。魚焼きグリルにのせ、片面焼きの場合2分予熱したあと片面を3分焼き、裏返して3分焼く。両面焼きの場合、4〜5分焼く。

4 器にサラダ菜を敷き、えびをのせてドレッシングをかける。

あさりで

うまみいっぱいのあさりは、蒸し汁も使うと、ぐっと本格的な味に。汁がしみた野菜がおいしい！

材料(4人分)
- あさり(殻つき・砂抜きしたもの) 300g
- 玉ねぎ 1個
- 酒 大さじ2
- 青のり 大さじ1

マリネ液
- 酢…大さじ2
- オリーブオイル…大さじ2
- しょうゆ…大さじ1
- 砂糖…小さじ1
- 塩…小さじ1/3

あさり×青のりで海の香り満点
あさりと玉ねぎののり風味マリネ

作りたてはもちろんのこと、味がしっかりなじんでからのおいしさも◎

冷蔵庫で **2日間** 保存可能

作り方

1. あさりは流水でこすり洗いをする。

2. 玉ねぎは縦に薄切りにして塩少々(分量外)をふり、さっともんで水にさらす。ざるに上げてしっかり水けをきる。ボウルにマリネ液を混ぜ合わせる。

3. フライパンにあさりを並べ、酒を加えてふたをして中火にかける。あさりの口が開いたら火を止め、汁ごと2のボウルに入れる。

4. 玉ねぎと青のりを加えてあえる。

Column
あさりの砂抜きは

販売されているあさりは、「砂抜き」をしてあるものがほとんどです。でも、不十分なことがあるので、自宅でも砂抜きするとおいしさがアップ。3%の塩水(水500mlに塩15g)を用意し、平らなバットにあさりを並べ、塩水を注ぎ、2～3時間でOK。

冷蔵庫で
2日間
保存可能

しみじみおいしく、お酒がすすむ
しょうゆ漬けあさりとトマトのサラダ

台湾料理の定番、「しじみの紹興酒漬け」をアレンジ。
トマトと相性のいい組み合わせです。

材料(作りやすい分量)
あさり(殻つき・砂抜きしたもの)	300g
酒	¼カップ
トマト	大1個
漬け汁	
しょうゆ…大さじ3	
酢…大さじ½	
ごま油…大さじ½	
砂糖…小さじ1	
にんにく…1片	
好みで香菜	適宜

作り方

1 あさりは流水でこすり洗いをする。

2 フライパンに酒とあさりを入れてふたをする。弱火にかけ、あさりの口が開いたら火を止め、さます。

3 にんにくはつぶして漬け汁の材料とともにボウルに入れ、混ぜ合わせる。2のあさりを汁ごと加えてなじませる。

4 トマトはへたを取って7～8mm幅の輪切りにする。器にトマトを盛り、あさりを汁ごとのせて好みで香菜を添える。

いかで

「さばくのが難しそう」という声も聞かれるいかですが、下ごしらえは意外と簡単。「いかそうめん」もおすすめです。

ごまの風味が抜群のおいしさ
いかすみ風パスタサラダ

いかそうめんを使って。スパゲティの余熱でいかに火を通します。

冷蔵庫で **2日間** 保存可能

材料(2人分)
スパゲティ(細めのもの)	50g
いかそうめん	1パック(約50g)
赤ピーマン	小1個
スプラウト	適宜
ごまソース	
オリーブオイル	…大さじ1½
しょうゆ	…小さじ1
塩	…小さじ⅓
黒すりごま	…大さじ3

作り方

1. ピーマンは種とへたを取り、細切りにする。スプラウトは根元を切り落とす。

2. 鍋にたっぷりの湯を沸かし、スパゲティを袋の表示時間通りにゆで始める。

3. ボウルにごまソースを混ぜ合わせ、いかそうめんとピーマンを加えてあえる。

4. ゆで上がったスパゲティの湯をきり、熱いうちに3のボウルに加えて一緒にあえる。器に盛り、スプラウトを散らす。

冷蔵庫で**2**日間保存可能

色がきれいで華やか
いかとにんじんとアスパラのマスタードサラダ

いかが野菜の甘みを引き立てます。
粒マスタードがプチプチと心地いい食感。

材料(4人分)
するめいか	1ぱい
にんじん	2/3本
グリーンアスパラガス	1束

マスタードソース
- 酢…大さじ3
- オリーブオイル…大さじ2
- 粒マスタード…小さじ2
- 砂糖…小さじ2/3
- 塩…少々

作り方

1 いかは足のつけ根をはずし、ゆっくりと腹わたごと引き抜く。胴に張りついている軟骨をはずし、胴の中をきれいに洗う。

2 胴は4〜5mm幅の輪切りにする。にんじんは斜め薄切りにしてからせん切りにし、アスパラは斜め薄切りにする。

3 鍋に湯を沸かし、にんじんを入れて2分ゆでる。1分たったところで、アスパラを加えてゆで、ざるに上げる。同じ湯にいかを入れて1分ゆでてざるに上げる。

4 ボウルにマスタードソースを混ぜ合わせ、具材の水けをよくきって加えて混ぜる。

たこで

切るだけのゆでだこは、手軽でゴージャス。トマトやきゅうり、パプリカなど、色鮮やかな素材と見た目も味も相性よし！

材料（2～4人分）
ゆでだこの足	150g
黄パプリカ	½個
きゅうり	1本
ごま油	大さじ1
しょうゆ	大さじ⅔

きゅうりをすりおろしてソースに
たことパプリカのおろしきゅうりあえ

おろしきゅうりであえると、さっぱりして色もきれい。ごま油で風味よく。

冷蔵庫で **2**日間保存可能

作り方

1. たこは1cm幅に切る。パプリカは種とへたを取り、1cm角に切る。

2. きゅうりはおろし金ですりおろす。ざるに上げて軽く水けをきり、ボウルに入れてごま油としょうゆを加えて混ぜる。

3. たことパプリカを入れて混ぜる。器に盛り、おろしきゅうりを汁ごとかける。

その日の
うちに
食べきる

イタリアンな組み合わせ
イタリアンたこサラダ

トマトはぜひ、よく熟れたものを使って。
さわやかな酸味とシコシコしたたこが好相性。

材料（2〜4人分）
ゆでだこの足	150g
トマト	中1個
ルッコラ	1束

イタリアンドレッシング
- 酢…大さじ3
- オリーブオイル…大さじ2
- 砂糖…小さじ½
- 塩…小さじ⅓
- 粗びき黒こしょう…少々

作り方

1. たこは薄くそぎ切りにする。トマトはへたを取って1cm角に切る。ルッコラは根元を切り落とし、茎をざく切りにする。

2. ボウルにドレッシングを混ぜ合わせる。たこ、トマトを入れてあえ、器に盛って、ルッコラを添える。

ほたてで

淡泊な素材とも、濃厚な素材とも合わせやすいほたて。トロッと甘い生のほたてのおいしさは格別です。

材料(2人分)
- ほたて(生食用) 4個
- アボカド 1個
- ねぎ塩だれ
  - ごま油…大さじ½
  - 塩…小さじ½
  - 粗びき黒こしょう…少々
  - レモンの絞り汁…½個分
  - 長ねぎのみじん切り…⅓本分
- サラダ菜 適宜

ねぎのピリッとした辛みが good

ほたてとアボカドのねぎ塩だれ

ほたてとアボカド、洋風の味つけにしそうなところを、ごま油やねぎで韓国風に。

冷蔵庫で **2日間** 保存可能

作り方
1. ほたてはさっと洗って水けを拭き、4等分に切る。
2. アボカドは真ん中に包丁を当ててぐるりと切り目を入れ、上下をひねって2つに分ける。
3. 大きめのスプーンで種をくり抜き、皮をむいて1cm角に切る。 
4. ボウルにねぎ塩だれを混ぜ合わせる。ほたてとアボカドを加えて混ぜ、サラダ菜を敷いた器に盛る。

その日の
うちに
食べきる

半生のほたてが最高!
バターほたてとコーンのサラダ

バターじょうゆがあとを引きます。
サラダらしく、野菜やほたての炒めすぎに注意。

材料(2人分)

ほたて(生食用)	4個
いんげん	70g
コーン(缶詰)	大さじ2
バター	大さじ1/2
塩、こしょう	各少々
バターじょうゆ	
バター…大さじ1(電子レンジで20秒加熱する)	
しょうゆ…小さじ1	

作り方

1 ほたては4等分に切る。いんげんはへたを切って斜め切りにする。器にバターじょうゆを混ぜ合わせる。

2 フライパンにバターを中火で熱し、ほたてを入れてさっと炒め、一度取り出す。コーンといんげんを炒め、塩、こしょうをふって火を止める。ほたてとバターじょうゆを加えてさっと混ぜる。

魚の缶詰で

下ごしらえがいらない魚の缶詰は、サラダ作りの強い味方。水煮や油漬けの「素材缶」はもちろん、味つき缶はピタリと味が決まります。

さば缶と根菜のごまサラダ

どこかなつかしい味

シャキシャキした根菜と、ジューシーなさばがベストマッチ。ごまで香りよく。

冷蔵庫で2日間保存可能

材料(4人分)

さば水煮(缶詰)	1缶(約190g)
ごぼう	60g
にんじん	50g
れんこん	60g
ごまマヨネーズ	
マヨネーズ	大さじ2
ごま油	大さじ½
白いりごま	大さじ½
青じそ	2～3枚
好みで白いりごま	少々

作り方

1. さばは缶汁をきる。ボウルにごまマヨネーズを混ぜ合わせる。

2. ごぼうは斜め薄切りにする。にんじん、れんこんは薄いいちょう切りにする。

3. 鍋にたっぷりの湯を沸かし、2の野菜を入れて2分ほどゆでる。ざるに上げ、水けをきる。

4. ボウルにさばを入れてほぐし、3の野菜とごまマヨネーズを加えて混ぜる。好みでさらにいりごまをふり、青じそをちぎってのせる。

その日の
うちに
食べきる

みそドレッシングでやさしい味に
いわし缶とほうれん草のサラダ

缶詰のいわしのしっかりした味が、ほうれん草の
かすかな苦みをやわらげます。

材料（4人分）
- いわし味つけ（缶詰） 1缶（約70g）
- サラダ用ほうれん草 1束
- しょうがのせん切り 小1片分
- みそドレッシング
  - 酢…大さじ1½
  - オリーブオイル…大さじ1
  - みそ…大さじ⅔
  - 砂糖…小さじ½
  - しょうがの絞り汁…少々

作り方

1. ほうれん草は根元を切り落とし、2cm長さのざく切りにする。器にドレッシングを混ぜ合わせる。

2. ボウルにいわしを入れてほぐし、ほうれん草としょうがを加えて軽く混ぜる。器に盛り、ドレッシングをかける。

Column

素材memo
サラダほうれん草

ほうれん草は苦みや渋みが強い「シュウ酸」という成分を含んでいます。そのため、生食には向きませんが、「生食用」「サラダ用」となっているものは、食べやすく改良されています。

材料(2人分)

ツナ(缶詰)	1缶(約80g)
鶏ささみ	3本
サラダ菜	4〜5枚
酒	大さじ1
パセリソース	
マヨネーズ…大さじ2	
牛乳…大さじ1	
パセリのみじん切り …大さじ1	

作り方

1. ツナはざるに入れて缶汁をきる。サラダ菜は1枚ずつはがす。

2. ささみは筋を取り除き、耐熱性の器に入れて酒を回しかけ、ふんわりとラップをして電子レンジで3分加熱する。粗熱が取れたら細かく裂く。

3. パセリはみじん切りにし、ソースの材料とともにボウルに入れる。ツナとささみを加えて混ぜる。

4. 器にサラダ菜を敷き、ツナとささみをのせる。

冷蔵庫で**2日間**保存可能

魚×肉の名コンビ

ツナとささみのパセリソース

ツナとささみ、淡泊な素材同士を合わせると、
食感や味に微妙な差が生まれて新しいおいしさ。

卵 で

サラダの名脇役の卵。ときには卵を主役にしてどうぞ。野菜はシンプルに、ソースにひと工夫します。

ゆで卵とレタスのサラダ

オードブルにもおすすめ

マヨネーズとケチャップを合わせた「オーロラソース」に辛みをきかせて。

その日のうちに食べきる

材料（4人分）

卵	2個
レタス	小1個
オーロラソース	
マヨネーズ	大さじ2
トマトケチャップ	大さじ½
好みでタバスコ®	少々

作り方

1. 鍋に卵を入れ、かぶるくらいの水を注いで中火にかける。沸騰したら弱火で12分ゆで、水に取り殻をむいて縦に4等分に切る。器にオーロラソースを混ぜ合わせる。

2. レタスはちぎって耐熱性のボウルに入れ、ふんわりとラップをして1分20秒加熱する。

3. 器に卵とレタスを盛り、ソースをかける。

Column

ゆで卵の保存期間は？

ゆでた後の卵は、殻のまま保存しましょう。冷蔵庫で3〜4日保存できます。殻をむいたら、その日のうちに食べきります。

豆腐で

つるんとした舌ざわりをいかして。しっかり水けをきって。アレンジ自在の豆腐は、サラダにも使いやすい素材。

材料(2人分)

豆腐(木綿)	½丁
玉ねぎ	½個
プチトマト	4~5個
片栗粉	適宜
サラダ油	大さじ1
ドレッシング	
酢…大さじ3	
オリーブオイル…大さじ2	
砂糖…小さじ½	
塩、こしょう…各少々	

焼き面に味がなじんで美味

焼きつけ豆腐と玉ねぎのマリネサラダ

水きりをして香ばしく焼いた豆腐は、ギュッと味が濃くなっています。

冷蔵庫で**2日間**保存可能

作り方

1. 玉ねぎは縦に薄切りにする。塩少々(分量外)をふり、さっともんで水にさらす。ざるに上げてしっかり水けをきる。プチトマトはへたを取り、縦に半分に切る。バットにドレッシングを混ぜ合わせ、玉ねぎとトマトを漬ける。

2. 豆腐はキッチンペーパーに包んで15分ほどおき、水けをきる。縦半分に切ってから8等分に切り、片栗粉を薄くはたきつける。

3. フライパンにサラダ油を中火で熱し、豆腐を両面色よく焼く。焼き色がついたら1に漬ける。

その日のうちに食べきる

キムチが味の決め手

豆腐のサラダ キムチソース

キムチは細かく切って、ソースとしてかけて。ブロッコリーで色と栄養素をプラス。

材料(2人分)
- 豆腐(絹ごし) ½丁
- ブロッコリー 小½株
- **キムチソース**
  - キムチの粗みじん切り …50g
  - ごま油…大さじ1
  - 酢…大さじ½
  - 砂糖…少々

作り方

1 豆腐はキッチンペーパーに包んで15分ほどおき、水けをきる。

2 ブロッコリーは小房に分ける。鍋に湯を沸かし、ブロッコリーをゆでてざるに上げて水けをきる。器にキムチソースの材料を混ぜておく。

3 別の器に豆腐を手で大きくちぎりながら入れ、ブロッコリーを盛ってキムチソースをかける。

材料(2人分)

油揚げ	1枚
白菜	¼株
梅肉ソース	
オリーブオイル…大さじ1	
しょうゆ…大さじ½	
梅干し…2個	

作り方

1. 油揚げは魚焼きグリルにのせ、3〜4分、裏返して2〜3分焼く。両面焼きグリルの場合は5分焼く。粗熱が取れたら食べやすい大きさに切る。梅肉ソースの梅干しは種を取ってたたき、梅肉ソースの材料と混ぜる。

2. 白菜は縦半分にしてから1.5cm幅のざく切りにする。塩少々(分量外)をふり、ときどき混ぜてしんなりしたら水けを絞る。

3. ボウルに油揚げと白菜を入れて混ぜる。器に盛り、梅肉ソースをかける。

冷蔵庫で2日間保存可能

香ばしく焼いて主役級に

カリカリ油揚げと白菜の梅ソースサラダ

油揚げはグリルで油を落としながら焼くと、カリッとして食べごたえアップ。あっさりした白菜と合わせて。

おいしさと栄養をキープする
肉や魚の上手な保存法

肉や魚を冷凍・解凍すると「あれ？」と思う味になることが。
おいしさを損なわない保存法を覚えて。

ドリップはなるべくきちんと取り除く

肉や魚のパックにたまっている汁（ドリップ）は、うまみ成分などが流れ出たもの。そのままにしておくと雑菌が繁殖しやすくなるので、パックにドリップがたまっているときは、キッチンペーパーなどできちんと拭き取りましょう。その後ラップで包み直し、乾燥しないようジッパーつきポリ袋に入れて保存しましょう。店頭ではなるべくドリップが出ていないものを選んで。

冷凍は「平らに」「早く」と心がけて

冷凍する場合でも、なるべく買ってすぐ、新鮮なうちに凍らせましょう。凍結までに時間がかかると肉の組織が変性しやすくなるので、なるべく早く凍らせましょう。ラップに包んでできるだけ薄くのばし、金属製のトレイなどにのせて冷凍庫へ入れると、早く凍ります。発泡スチロールのパックのままでは凍るのに時間がかかり、においも移りやすくなるので避けましょう。

解凍は「低温」がポイント

解凍時は、極力ドリップが流れ出さないよう気をつけて。電子レンジ解凍など、急激に温度が変化すると、肉汁が流れ出やすくなります。冷凍庫から冷蔵庫に移し、数時間かけて自然解凍するのがベター。急ぐ場合は流水をかけながら20～30分かけて解凍するか、氷水を入れたボウルに浸して解凍します。室温に常温で置くと細菌が繁殖しやすくなるので、低温で解凍します。

Part 4

しし唐炒め
ベーコンソースがけ

オレンジと水菜のサラダ

みょうがとかいわれの塩もみ

ほっとする味

5分でできる小さなサラダ

素材1〜2品でさっと作れるサラダやあえもの、酢をきかせた漬けもの感覚のサラダは、「あと1品……」というときにも大活躍。おつまみにも、お弁当のおかずにもおすすめ。

くだものもサラダに◎
オレンジと水菜のサラダ

フルーティーでさわやか。
肉料理と相性good!

その日のうちに食べきる

材料(2人分)
オレンジ	1個
水菜	½束
ドレッシング	
オリーブオイル…大さじ2	
塩…小さじ⅓	
砂糖…小さじ⅓	

作り方
1. オレンジは縦半分に切ってから包丁で皮をむく(りんごをむくときの要領で、厚い皮ごと薄皮もむく)。果肉は一口大に切る。水菜は根元を切り落とし、2cm幅のざく切りにする。 
2. ボウルにドレッシングを混ぜ合わせ、オレンジと水菜を加えて混ぜる。

ここがポイント! 水菜は塩分の入ったドレッシングがかかると、しんなりしてくるので、ドレッシングは食べる直前にかけて。

常備菜にぴったり!
しし唐炒めベーコンソースがけ

ベーコンの風味をまとったしし唐が最高。
コクのある味に。酢で味に深みが。

冷蔵庫で2日間保存可能

材料(2人分)
しし唐辛子	12~15本
ベーコン	2枚
酢	大さじ1
しょうゆ	大さじ½
サラダ油	小さじ1

作り方
1. ベーコンは6~7mm幅に切る。しし唐はふっくらした所に包丁で縦に浅く切り目を入れる。 
2. フライパンにサラダ油を中火で熱し、しし唐を炒める。全体にしんなりしたら取り出し、器に盛る。ベーコンを入れて炒め、ややカリッとしたら、酢、しょうゆを加えて混ぜ、しし唐にかける。

ここがポイント! ししとうは炒めているうちに破裂することがあるので、切り目を入れておく。

味つけはシンプルに塩だけ
みょうがとかいわれの塩もみ

みょうがとかいわれは、塩をふると、
かさが減ってたっぷりいただけます。

その日のうちに食べきる

ここがポイント! 野菜は塩をふってすぐにもむと、繊維が壊れて歯ざわりが悪くなる。塩をふったあとはさっと混ぜる程度で、水が出てくるまでおく。

材料(2人分)
みょうが	4~5本
かいわれ	2パック
塩	小さじ⅓
白いりごま	適宜

作り方
1. みょうがは縦半分に切ってから斜め薄切りにする。かいわれは根元を切り落とし、長さを半分に切る。
2. ボウルにみょうがとかいわれを入れる。塩をふり、しんなりしたら水けを絞って器に盛り、いりごまをふる。

プチトマトの昆布茶漬け

きゅうり、大根、ヤングコーンの
すし酢ピクルス

カラーパプリカの塩昆布浅漬け

漬け汁は市販のすし酢を活用
きゅうり、大根、ヤングコーンの すし酢ピクルス

ピクルスは市販の「すし酢」を利用すると手軽。やさしい酸味で、和食の献立にも合います。

冷蔵庫で 5日間 保存可能

材料(作りやすい分量)
きゅうり	1本
大根	250g
ヤングコーン(水煮)	1袋
塩	適宜
ピクルス液	
すし酢…½カップ	
水…½カップ	
塩…少々	

作り方
1. きゅうりはへたを落として長さを3等分し、縦に4つに切る。大根は4～5cm長さの棒状に切る。ヤングコーンは水けをきり、太いものは縦半分に切る。計量カップにピクルス液を混ぜ合わせる。

2. すべての野菜に塩をふり、しんなりしたら水けを絞る。ボウルに野菜とピクルス液を入れて混ぜる。30分ほどおく。

ここがポイント! ピクルス液に漬ける前に、野菜を塩もみしておくと、味がよくしみる。

パプリカを和風の漬けものに
カラーパプリカの 塩昆布浅漬け

塩昆布をうまみ出しに使ったスピード漬けもの。わたを取って口あたりをよく。

冷蔵庫で 3日間 保存可能

材料(2人分)
赤パプリカ	1個
黄パプリカ	1個
塩	適宜
塩昆布	大さじ2
和風だしの素(顆粒)	小さじ⅓
しょうゆ	大さじ½

作り方
1. パプリカは種とわたを取ってせん切りにする。塩をふり、しんなりしたら軽く水けを絞る。

2. 大きめのボウルにパプリカと塩昆布を入れる。だしの素、しょうゆをふって手で軽くもむ。

ここがポイント! パプリカは白いわたの部分をきれいに取ると、口あたりがよくなっておいしさアップ。青くさい特有のクセも抑えられる。

お弁当にもぴったり
プチトマトの昆布茶漬け

プチトマトに昆布のうまみがしみて、まろやかな漬けものに。

冷蔵庫で 3日間 保存可能

材料(2人分)
プチトマト	12個
昆布茶	小さじ½
水	大さじ4

ここがポイント! 味がしみ込みにくいプチトマト。へたの周囲に小さな穴を開けておくと、味がしみる上に、切るより水っぽくならない。

作り方
1. プチトマトはへたを取り、つま楊枝でへたの周囲を数か所刺して穴を開ける。

2. ボウルに昆布茶と水を入れて混ぜ、トマトを漬ける。30分ほどおく。

大根の水キムチ

白菜のゆずこしょう一夜漬け

大根とりんごのなます

ほんのりにんにく風味で食欲アップ
大根の水キムチ

塩やにんにく、しょうが入りの水に漬け込んで作ります。シャキッとした食感。

冷蔵庫で4日間保存可能

材料（作りやすい分量）
大根	250g
塩	適宜
漬け汁	
水	½カップ
にんにくのみじん切り	小1片分
しょうがのみじん切り	小1片分
長ねぎのみじん切り	大さじ½
赤唐辛子のみじん切り	少々
塩	小さじ¼

作り方
1. 大根は薄いいちょう切りにして塩をふり、しんなりしたら水けをしっかり絞る。
2. ボウルに漬け汁を混ぜ合わせ、大根を加えてなじませる。30分ほどおく。

ここがポイント！ 水キムチは漬けているうちに発酵し、乳酸菌が豊富になる。翌日以降のほうが、味もよく栄養価もアップ。

甘酢とりんごでさわやかに
大根とりんごのなます

甘酢とフルーティーなりんごが口の中をさっぱりさせます。こってり料理の脇役に。

冷蔵庫で4日間保存可能

材料（作りやすい分量）
大根	250g
塩	適宜
りんご	¼個
酢	大さじ3
砂糖	大さじ1½

作り方
1. 大根は4cm長さのせん切りにして塩をふり、しんなりしたらよくもんで水けを絞る。りんごは薄いいちょう切りにする。
2. ボウルに大根を入れ、酢と砂糖を加える。よく混ぜ合わせ、りんごを入れて味をなじませる。

ここがポイント！ 調味料が少なめのときは、漬け汁に野菜を漬けるより、調味料を回しかけるほうがなじみやすい。

ピリッとゆずこしょうが香る
白菜のゆずこしょう一夜漬け

ゆずこしょうの清涼感のある辛みがきいた一夜漬け。酢を加えてさっぱり仕上げます。

冷蔵庫で4日間保存可能

材料（2人分）
白菜	大4枚
塩	小さじ⅓
漬け汁	
ゆずこしょう	小さじ⅓〜½
酢	大さじ2
砂糖	ひとつまみ
しょうゆ	少々
ごま油	少々

作り方
1. 白菜はざく切りにする。塩をふってさっともみ、しんなりしたら水けをよく絞る。
2. ポリ袋に漬け汁を入れてよく混ぜ、白菜を加える。軽くもんで調味料をなじませ、冷蔵庫に一晩おく。

ここがポイント！ 少量の漬けものを作るときは、ポリ袋が便利。野菜をもみやすく、味もなじみやすい。

ごま油でわかめの風味が引き立つ

わかめとしそのナムル

わかめはごま油と相性がよく、ナムルにすると風味が際立ってきます。しそをプラスしてすっきりと。

その日のうちに食べきる

材料(2人分)
カットわかめ(乾燥)	3g
青じそ	10枚

あえごろも
- 長ねぎのみじん切り…1/3本分
- にんにくのすりおろし…小1片分
- 白すりごま…大さじ1 1/2
- ごま油…大さじ1
- 塩…小さじ1/3
- しょうゆ…小さじ1/2

作り方

1. わかめはたっぷりの水でもどし、ざるに上げて水けをきり、キッチンペーパーで水けを拭く。しそは小さめのざく切りにする。

2. ボウルにあえごろもを混ぜ合わせ、わかめとしそを入れてあえる。

ここがポイント！
ナムルは特に具材の水けをしっかり取って。わかめはキッチンペーパーで押さえるように拭くと、カラリと仕上がる。

ほろ苦い春菊がおいしい
春菊とにんじんのナムル

ほろ苦い春菊と、甘みのあるにんじんが好相性。

その日のうちに食べきる

材料(2人分)
春菊	1束
にんじん	1/3本
あえごろも	
長ねぎのみじん切り	1/3本分
にんにくのすりおろし	小1片分
白すりごま	大さじ1½
ごま油	大さじ1
塩	小さじ1/3
しょうゆ	小さじ½

作り方

1. 春菊は軸の硬い部分を折って除き、食べやすい大きさに切る。にんじんは斜め薄切りにしてからせん切りにする。ボウルにあえごろもを混ぜ合わせる。

2. 鍋に湯を沸かし、春菊とにんじんを1分ほどゆでる。ざるに上げて水けをよくきる。春菊は水けを絞って1のボウルに入れてあえる。

ここがポイント!
春菊は硬い軸を除くとごわつかず、食べやすい。ゆですぎないよう注意。

鮮度と栄養をキープする
野菜の上手な保存法

野菜は保存のしかたで味や栄養価に差が出ます。
上手な保存方法を覚えて、おいしく食べましょう。

基本は冷蔵庫で保存

野菜は基本的に冷蔵庫で保存します。乾燥しないようにポリ袋に入れ、野菜室へ。ピーマン、ししとう、きゅうり、ゴーヤーなどは水けに弱く、ぬれたところから傷みやすいので、水けを拭いてからしまいましょう。

立ってはえている野菜は庫内でも立てて保存

アスパラガス、小松菜、ほうれん草など立ってはえている野菜は、庫内でも立てて保存。横たえた状態だと、生えているときと同じ状態に戻ろうとしてエネルギーを使い、栄養価が落ちてしまうことに。

保存性の高い葉ものなどは、新聞紙に包んで保存

比較的保存性が高い白菜やキャベツなどの葉野菜や大根は、新聞紙にくるんで冷蔵庫へ。新聞紙は保湿効果があり、野菜の呼吸もさまたげません。大根やかぶは、養分を取られないよう、葉を切り落として保存。

乾燥しやすい野菜は、ラップに包むか、保存容器に入れて

なすやいんげん、スナップえんどう、ブロッコリーなどの野菜は乾燥が苦手。また、切ると切り口からエチレンガスが発生し、鮮度が落ちてしまいます。ラップには、ガスを野菜室に広がりにくくする効果も。

根菜は常温で保存 時期によっては冷蔵で

「土のもの」と呼ばれるじゃがいも、さつまいも、ごぼう、玉ねぎ、にんじんなどの根菜は、常温で保存します。いも類は冷蔵庫内だと変性し、味が変わってしまうことも。ただしにんじんは気温が高くなると溶けやすくなるので、冬場以外は冷蔵庫へ。

こんな野菜は……

トマト

青いところが残っていたら、室内で「追熟」を

トマトは食べごろより少し早い段階で出荷していることも。青いところが残っている場合は、常温で1～2日おいて「追熟」させると、ぐっと味がよくなります。

かぼちゃ

丸ごとの場合は常温保存。切ったものは種とわたを取って冷蔵保存

丸ごとのかぼちゃは常温で2～3か月保存できます。切ったあとは冷蔵保存。種やわたの部分から傷むので、取っておくと保存性が高まります。

鮮度が落ちやすい枝豆やとうもろこしはなるべく早く食べて

枝豆やとうもろこし、たけのこといった、ほんのりと甘みを感じる野菜（糖度の高い野菜）は、保存に向きません。保存しているうちに、糖分を栄養として使ってしまうので、味が落ちやすい野菜です。買ってきたら1～2日で食べたいもの。すぐに食べない場合は、ゆでてから保存を。

冷凍できる野菜は……

冷凍OKなもの

小松菜、ほうれん草、さやいんげんなどはさっとゆでて水けをよく絞って冷凍、おひたしに。葉野菜は生のままざく切りにして冷凍し、凍ったまま炒めものや汁に入れても。
トマトはへたを取り、ざく切りにして冷凍。冷凍のままさっと煮て、トマトソースに。にんじん、大根は少し食感が悪くなりますが、いちょう切りにして冷凍しておくと便利。凍ったまま汁に入れて。きのこは生のまま冷凍。

冷凍NGなもの

レタス、きゅうりなど、水分量が多い野菜は変質が激しいので避けて。じゃがいもは食感が悪くなるので、ゆでて細かく切るか、マッシュポテトにしたものならOK。

レパートリーが広がる
ドレッシングとたれ

ハーブ入りイタリアンドレッシング

「トマトと焼きなすのイタリアンマリネ」(p.21)で登場

作りやすい分量（1回分）
- 酢　　　　　　　大さじ1½
- オリーブオイル　大さじ1
- 砂糖　　　　　　小さじ⅓
- 塩・粗びき黒こしょう　各少々
- 乾燥ハーブ（バジル）　小さじ½

特徴
ハーブが香るドレッシング。ハーブは好みのものを使って。グリルした焼きなすのような、少しクセのある素材と抜群の相性。魚介のサラダにもよく合います。

ヨーグルトマヨネーズ

「ブロッコリーのカリカリヨーグルトサラダ」(p.33)で登場

作りやすい分量（1回分）
- プレーンヨーグルト　大さじ3
- マヨネーズ　　　　　大さじ1
- 砂糖　　　　　　　　小さじ¼
- 塩　　　　　　　　　小さじ¼

特徴
ヨーグルトの後味がさわやか。野菜の自然な甘みや持ち味を引き立てるシンプルなソースです。ポテトサラダもこのソースで作ると、低カロリーでさっぱり。

エスニックドレッシング

「せん切り大根とにんじんのセレタス」(p.35)で登場

作りやすい分量（1回分）
- レモン汁　　　　大さじ1
- サラダ油　　　　大さじ1
- 砂糖　　　　　　小さじ1
- ナンプラー　　　小さじ1
- しょうゆ　　　　小さじ½
- 赤唐辛子のみじん切り　½本分

特徴
ナンプラーとレモンがきいた、エスニック風味のドレッシングです。淡泊な野菜にパンチをきかせたいときに。セロリや魚介、春雨とも好相性。

イタリアンドレッシング

作りやすい分量（1回分）
- 酢　　　　　　　大さじ3
- オリーブオイル　大さじ2
- 砂糖　　　　　　小さじ½
- 塩　　　　　　　小さじ⅓
- 粗びき黒こしょう　少々

特徴
粗びき黒こしょうがピリッときいたドレッシング。オーソドックスな味わいで、野菜のサラダ、魚介、肉とオールマイティーに使えます。

「イタリアンたこサラダ」(p.101)に登場

梅ドレッシング

作りやすい分量（1回分）
- 梅干し　　　　　大2個
- みりん　　　　　大さじ2
  （レンジで20秒加熱する）
- しょうゆ　　　　大さじ½
- オリーブオイル　大さじ1½

特徴
ペースト状にした梅干しを入れた、和風のドレッシング。さわやかな酸味で食がすすみ、ゆでた野菜にかけると、驚くような量も食べられます。冷ややっこにも。

「つるりん胸肉の梅味サラダ」(p.79)に登場

サラダは合わせるドレッシングによって、同じ野菜でもまったく違った印象に。
ドレッシングのレパートリーを増やして、さまざまなサラダを楽しんで。

チーズマヨネーズ

「粗つぶしかぼちゃのナッツサラダ」(p.43)で登場

作りやすい分量（1回分）

マヨネーズ	大さじ2½
レモンの絞り汁	大さじ1
砂糖	小さじ1
粉チーズ	大さじ½

特徴

マヨネーズもレモン汁と粉チーズが入ると、ぐっと洗練されたコクのあるソースに変身。砂糖を入れるとまろやかに。ルッコラ、ほうれん草など、ほろ苦い野菜と合わせても。

コチュジャンドレッシング

「牛肉と大根の韓国風サラダ」(p.86)に登場

作りやすい分量（1回分）

しょうゆ	大さじ1
酢	大さじ1
コチュジャン	小さじ1½
砂糖	小さじ1½
白すりごま	大さじ½
ごま油	大さじ1
塩	少々

特徴

韓国調味料のひとつ、「コチュジャン」を加えたドレッシング。甘みと辛みの両方が持ち味のコチュジャンは、肉とよく合います。ごまが風味よく香り、男性にも喜ばれる味。

豆乳ドレッシング

「簡単肉だんごと白菜のサラダ」(p.89)に登場

作りやすい分量（1回分）

豆乳	大さじ2
マヨネーズ	大さじ2
しょうゆ	少々
白すりごま	大さじ1

特徴

豆乳は牛乳よりさらりとしていて、和風の味つけと合わせてもピタリとまとまります。マヨネーズの濃厚なうまみを軽やかにします。キャベツのコールスローなどにも。

ねぎ塩だれ

「ほたてとアボカドのねぎ塩だれ」(p.102)に登場

作りやすい分量（1回分）

ごま油	大さじ1
塩	小さじ1
粗びき黒こしょう	少々
レモンの絞り汁	1個分
長ねぎのみじん切り	½本分

特徴

ねぎをたっぷり加えたたれ。焼き肉のたれとしても活躍します。レモンをしっかりきかせて、さわやかに。

ごまマヨネーズ

「さば缶と根菜のごまサラダ」(p.104)に登場

作りやすい分量（1回分）

マヨネーズ	大さじ2
ごま油	大さじ½
白いりごま	大さじ½

特徴

マヨネーズにごま油といりごまを加えた濃厚なソース。根菜のクセをやわらげます。青魚の独特の風味もマイルドにし、それぞれの持ち味を引き立てるソースです。

素材別インデックス

「冷蔵庫にあるものを上手に使いたい」というときには、
素材から作れるものを探してみましょう。

肉・肉加工品

鶏肉

●鶏胸肉
鶏胸肉のねぎたっぷり中華マリネ ……… 78
つるりん胸肉の梅味サラダ ……………… 79

●鶏ささみ
スナップえんどうとささみのバンバンジー風
……………………………………… 47
オクラとささみの梅マヨネーズ ………… 49
ささみと水菜のスパイシー揚げ焼きサラダ
……………………………………… 80
ほぐしささみとチーズ、トマトのごまマヨあえ
……………………………………… 81
ツナとささみのパセリソース ……………106

豚肉

●豚しゃぶしゃぶ用肉
豚しゃぶとキャベツのおかかサラダ …… 82
豚しゃぶとせん切り野菜のカリカリサラダ
……………………………………… 83
●豚こま切れ肉
豚肉とゴーヤーのチャンプルー風サラダ …… 84
●豚かたまり肉
ゆで豚とトマトのひじきドレッシングあえ …… 85

牛肉

●牛切り落とし
牛肉と大根の韓国風サラダ ………………… 86
牛肉ときのこの和風サラダ ………………… 87

ひき肉
マーボー風肉みそドレッシングサラダ ……… 88
簡単肉だんごと白菜のサラダ ……………… 89

肉加工品
ポークとゴーヤーのボイルサラダ ………… 90
カレーソテーソーセージサラダ　………… 91

魚介

あさり
あさりと玉ねぎののり風味マリネ ……… 96
しょうゆ漬けあさりとトマトのサラダ …97

いか
いかすみ風パスタサラダ ………………… 98
いかとにんじんとアスパラのマスタードサラダ
……………………………………… 99

えび
大根とえびのピリ辛中華サラダ ………… 39
桜えびとごまの洋風ライスサラダ ……… 74
えびマヨとざく切りキャベツのサラダ … 94
小えびのフライ入りサラダ ……………… 95

さば
塩さばのエスニックサラダ ……………… 92

鯛
白身魚と紫玉ねぎのコリアンマリネ …… 93

124

たこ
たことパプリカのおろしきゅうりあえ ………100
イタリアンたこサラダ ……………………101

ほたて
ほたてとアボカドのねぎ塩だれ …………102
バターほたてとコーンのサラダ …………103

豆腐・大豆製品・卵

豆腐
焼きつけ豆腐と玉ねぎのマリネサラダ ………108
豆腐のサラダキムチソース ……………109

油揚げ
カリカリ油揚げと白菜の梅ソースサラダ
………………………………………………110

卵
ゆで卵とレタスのサラダ ………………107

野菜

アボカド
グリルアボカド ……………………………44
アボカドとグリルベーコンのレモンドレッシング
………………………………………………45
アボカドと豆腐のマヨソース ……………45
ほたてとアボカドのねぎ塩だれ …………102

オクラ
ゆでオクラ …………………………………48
オクラとささみの梅マヨネーズ …………49
オクラとトマトのピーナッツバターあえ ………49

かぼちゃ
レンジかぼちゃ ……………………………42
かぼちゃとミックスリーフのアイオリソース …43
粗つぶしかぼちゃのナッツサラダ ………43

きのこ
ミックスきのこ蒸し ………………………52
きのことルッコラのガーリックドレッシング
………………………………………………53
きのことレタスのさっと塩煮 ……………53
グリル野菜の焼き浸しサラダ ……………71
牛肉ときのこの和風サラダ ………………87

キャベツ
ざく切り塩キャベツ ………………………24
キャベツとちくわののり佃煮ドレッシング …25
生ハムとにんにくチップ入りキャベツサラダ
………………………………………………26
キャベツとわかめのだしサラダ …………27
豚しゃぶとキャベツのおかかサラダ ……82
カレーソテーソーセージサラダ …………91
えびマヨとざく切りキャベツのサラダ …94

きゅうり
きゅうりの塩もみ …………………………40
きゅうりとわかめ、しょうがのなめたけドレッシング ………………………………………41
きゅうりの梅おかかソース ………………41
たことパプリカのおろしきゅうりあえ ………100
きゅうり、大根、ヤングコーンのすし酢ピクルス
………………………………………………114

素材別インデックス

ゴーヤー
豚肉とゴーヤーのチャンプルー風サラダ ……84
ポークとゴーヤーのボイルサラダ ………90

ごぼう
ごぼうの酢炒め ……………………………54
ごぼうのサラダきんぴら …………………55
ごぼうのみそマヨサラダ …………………55

小松菜
小松菜の炒め蒸し …………………………56
小松菜とふんわり卵のサラダ ……………57

しし唐辛子
しし唐炒めベーコンソースがけ …………112

じゃがいも
皮むきレンジポテト ………………………28
王道のポテトサラダ ………………………29
粗つぶしポテトの鮭フレークサラダ ……30
ツナカレー風味のポテサラ ………………31
めんつゆ味の肉じゃが風サラダ …………31

大根
いちょう大根の塩もみ ……………………38
大根と油揚げのしそオリーブサラダ ……39
大根とえびのピリ辛中華サラダ …………39
牛肉と大根の韓国風サラダ ………………86
きゅうり、大根、ヤングコーンのすし酢ピクルス
………………………………………………114
大根の水キムチ ……………………………116
大根とりんごのなます ……………………116

トマト
塩味トマトのオリーブマリネ ……………20
トマトと焼きなすのイタリアンマリネ …21
トマトと長ねぎのごまあえサラダ ………22
プチトマトマリネのバジル炒め …………23
プチトマトとかいわれのサラダあえ ……23
オクラとトマトのピーナッツバターあえ …49
ラタトゥイユ風サラダ ……………………67
ゆで豚とトマトのひじきドレッシングあえ …85
マーボー風肉みそドレッシングサラダ …88
しょうゆ漬けあさりとトマトのサラダ …97
イタリアンたこサラダ ……………………101
プチトマトの昆布茶漬け …………………114

なす
ラタトゥイユ風サラダ ……………………67
なすと甘塩鮭の南蛮酢サラダ ……………70

にんじん
にんじんの塩もみ …………………………36
にんじんとツナのサラダ …………………37
炒めにんじんのレモンマリネ ……………37
いかとにんじんとアスパラのマスタードサラダ
………………………………………………99
春菊とにんじんのナムル …………………119

白菜
いろいろコールスロー ……………………64
簡単肉だんごと白菜のサラダ ……………89
カリカリ油揚げと白菜の梅ソースサラダ
………………………………………………110
白菜のゆずこしょう一夜漬け ……………116

パプリカ
グリル野菜の焼き浸しサラダ ……………71
たことパプリカのおろしきゅうりあえ ……100
カラーパプリカの塩昆布浅漬け …………114

フレッシュビーンズ
いんげん、さやえんどう、スナップえんどう
フレッシュボイルドビーンズ ……………46
ボイルドビーンズのたらこバターあえ …47
スナップえんどうとささみのバンバンジー風
…………………………………………47
バターほたてとコーンのサラダ …………103

ブロッコリー
ブロッコリーのオイル蒸し ………………32
ブロッコリーのカリカリヨーグルトサラダ …33
ザーサイとねぎの中華サラダ ……………33
豆腐のサラダキムチソース ………………109

ほうれん草
冬野菜の蒸しサラダ ………………………72
いわし缶とほうれん草のサラダ …………105

水菜
オレンジと水菜のサラダ …………………112

みょうが
みょうがとかいわれの塩もみ ……………112

もやし
炒めもやし …………………………………50
もやしのサブジ風 …………………………51
もやしのレモンマリネ ……………………51

レタス
ちぎりレタスのオイルマリネ ……………34
せん切り大根とにんじんのセレタス ……35
かにかま入り和風サラダ …………………35
マーボー風肉みそドレッシングサラダ …88
ゆで卵とレタスのサラダ …………………107

海藻・乾物

海藻
ひじきと根菜の和風サラダ ………………68
ゆで豚とトマトのひじきドレッシングあえ……85
わかめとしそのナムル ……………………118

乾物
切干大根のサラダ …………………………69

缶詰
ツナカレー風味のポテサラ ………………31
にんじんとツナのサラダ …………………37
さば缶と根菜のごまサラダ ………………104
いわし缶とほうれん草のサラダ …………105
ツナとささみのパセリソース ……………106

パスタ、麺など
マカロニサラダ ……………………………60
春雨、かにかま、きゅうりのピリ辛マヨサラダ
…………………………………………62
ハムときゅうりとピーナッツのそばサラダ
…………………………………………73
いかすみ風パスタサラダ …………………98

127

Profile

武蔵裕子 むさし ゆうこ

料理研究家。和食をはじめ、洋風、中華、エスニックなど、さまざまな分野の料理に精通。旬の素材を取り入れ、作りやすくアレンジした家庭料理が人気。『これならできる!! 毎日ラクチン！ 作りおき+使いきりおかず』(小社)は、多くの支持を集め、ロングセラーに。『魚焼きグリルでかんたん本格レシピrecipes34』(世界文化社)など著書多数。

Staff

撮影	馬場敬子
スタイリング	深川あさり
アートディレクション	太田雅貴 （太田デザイン事務所）
デザイン	冨澤重子 甲田沙耶香 （太田デザイン事務所）
イラスト	佐藤ひとみ
料理アシスタント	小口紀子、大場裕美
編集協力	中村円

ねかせておけば
もっとおいしくなる！

作りおき ＋使いきりサラダ

著者／武蔵裕子
発行者／永岡修一
発行所／株式会社永岡書店
〒176-8518　東京都練馬区豊玉上1-7-14
電話　03-3992-5155（代表）
　　　03-3992-7191（編集部）
DTP・印刷／誠宏印刷
製本／ヤマナカ製本
ISBN978-4-522-43273-0　C2077
落丁本・乱丁本はお取り替えいたします。①
本書の無断複写・複製・転載を禁じます。